曹春晓院士

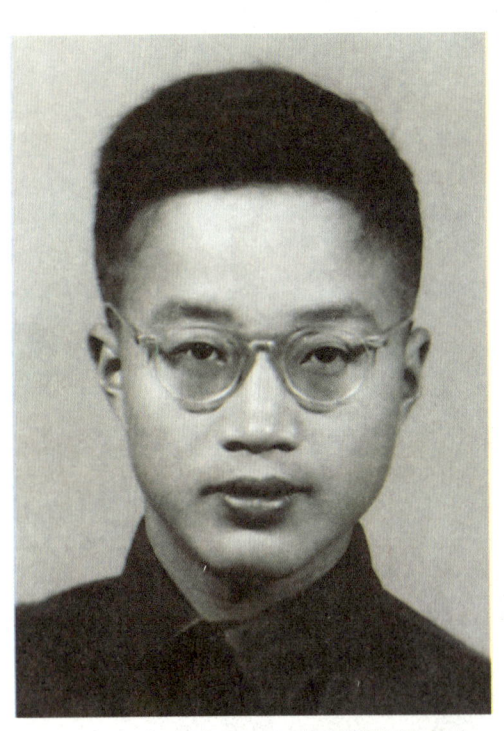

1952年曹春晓毕业于上海南洋模范中学

1956年曹春晓毕业于上海交通大学

1959年曹春晓与夫人张琲联同游颐和园

1960年曹春晓与家人在上海（前排右起：岳父张仲韩、岳母虞银月；后排左起：妻张琲联、曹春晓、张琲联堂姐夫、张琲联堂姐）

1962年曹春晓与家人在上海（前排右起：父亲曹荫培、母亲金巧云（抱着曹春旺之子曹大元）、妹曹亦君；后排右起：弟曹春晧、兄曹春旺、曹春晓、姨金巧芬、妻张琲联、嫂瞿瑾明）

2000年曹春晓在侄子曹大元（右，围棋九段）、侄媳杨晖（左，围棋八段）的家中

金婚照

曹春晓正通过观察窗监视钛合金在真空自耗电弧炉内的熔炼过程

曹春晓与青年科技人员讨论高温钛合金应用研究中的一些问题

1996年曹春晓（中）荣获光华科技基金奖一等奖

2001年曹春晓（中）荣获航空报国金奖（中国航空工业最高奖）后，与本院荣获航空报国女杰称号的曹腊梅（右）、荣获航空报国科技尖兵称号的吴学仁（左）合影

2001年于南昌，曹春晓（左三）参加中国科学院技术科学部第十届常委会第七次会议

2002年9月，在银川召开全国钛及钛合金学术交流会，大会开幕式结束后主席团全体成员合影（左七为曹春晓）

2005年5月，曹春晓（前排左）与师昌绪院士（前排中）、李成功研究员（前排右）一起被聘为安大公司（原安大锻造厂）的高级顾问

2005年7月，时任中国机械工程学会塑性工程学会理事长的曹春晓在全国塑性工程学术年会上致开幕词

2005年8月，在遵义召开中国有色金属工业协会钛业分会年会，曹春晓（二排左七）时任钛业分会会长

国务院批准成立的大型飞机方案论证委员会在2006年7月正式成立，曹春晓为19位委员之一

2006年10月，前军委副主席曹刚川（中）视察北京航空材料研究院时与曹春晓（左）、曹腊梅（右）合影

2008年4月，航空材料及制造技术发展战略和规划研讨会在南京召开（前排左五为曹春晓）

1978年，曹春晓（右一）随代表团赴英国考察钛合金和复合材料

1992年秋，曹春晓（左一）参与了接待美国著名钛合金学者Froes及其夫人的工作

1993年3月，北京航空材料研究院代表团赴莫斯科与全俄航空材料研究院商谈合作事宜并进行参观考察(右三为曹春晓)

1999年于俄罗斯圣彼得堡，曹春晓（后排左五）与参加钛世界会议的中国代表合影

2001年6月，曹春晓参加巴黎国际航展活动中在大型风扇涡轮发动机Trent-800（波音777等大型飞机用）前留影

2006年于莫斯科，曹春晓（右三）随代表团参加全俄航空材料研究院成立70周年庆典活动

曹春晓（右）在钛合金研究室老主任王金友（左）60寿辰庆贺活动中向他敬酒祝寿

曹春晓（右）在庆祝颜鸣皋院士（左）80寿辰之际与颜院士合影

2006年5月,在北京航空材料研究院建院50周年庆祝晚会上,曹春晓(右一)和小朋友在演出中

曹春晓自养自摄的花卉——蝶兰争春

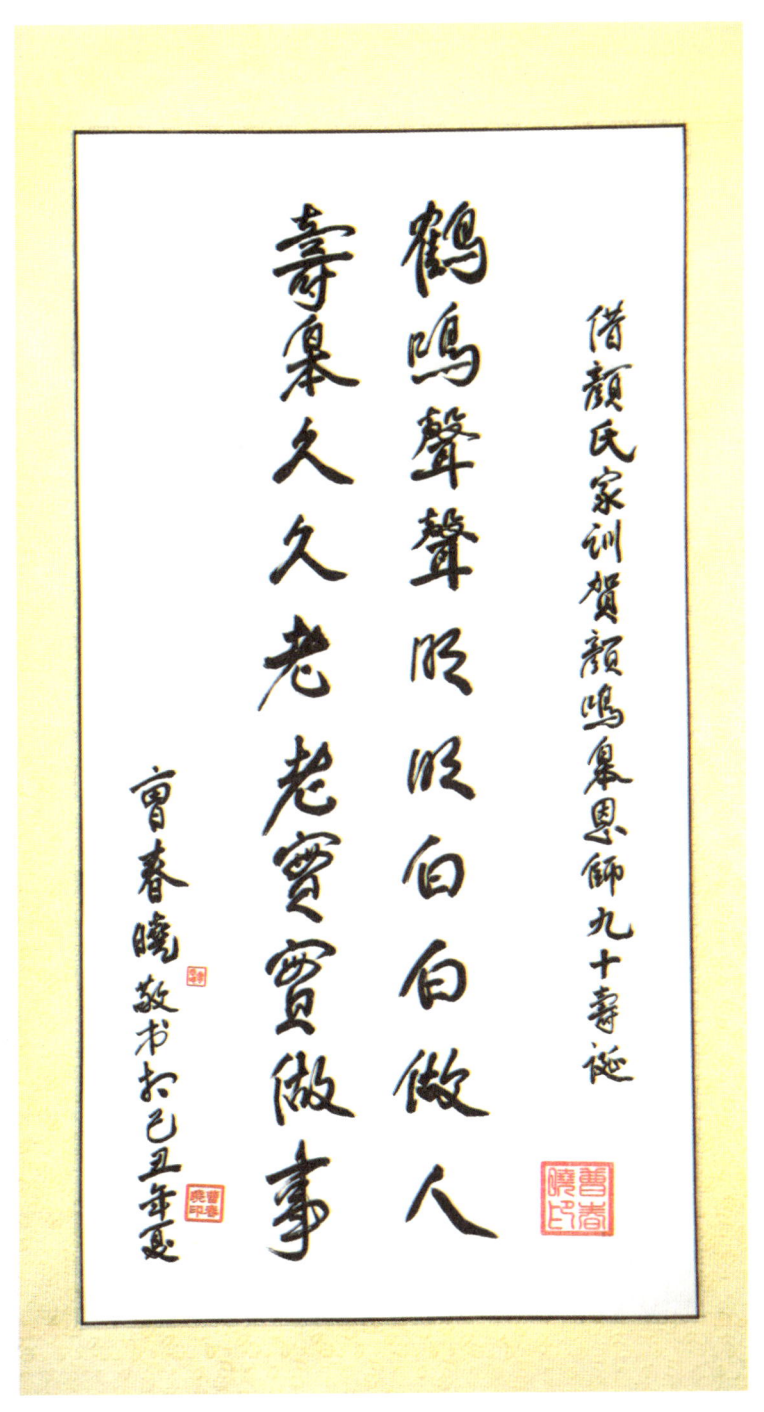

2009年曹春晓自书字画赠颜鸣皋院士庆贺其90寿辰

曹春晓（右）与本书作者施宗灿（左）交谈中

多彩的人生

——记中国科学院院士曹春晓

施宗灿 著

航空工业出版社

北京

内 容 提 要

本书展示了曹春晓院士成长、成熟、成功、成名的绚丽多彩的一生，重点讲述了其开创和谱写航空钛合金的历史。相信读者特别是青年读者通过阅读本书，能够受到启发、得到教益。

图书在版编目（CIP）数据

多彩的人生：记中国科学院院士曹春晓/施宗灿著.
北京：航空工业出版社，2010.1（2019.1重印）
（中国航空工业院士丛书）
ISBN 978-7-80243-436-3

Ⅰ. 多… Ⅱ. 施… Ⅲ. 曹春晓—传记 Ⅳ. K826.16

中国版本图书馆 CIP 数据核字（2010）第 008821 号

多彩的人生
Duocai de Rensheng

航空工业出版社出版发行
（北京市朝阳区北苑2号院 100012）
发行部电话：010-84936597 010-84936343

三河市金轩印务有限公司印刷	全国各地新华书店经售
2015年1月第1版	2019年1月第3次印刷

开本：710×1000 1/16 印张：14.25 插页：16 字数：227千字
印数：5001—5500 定价：60.00元

（凡购买本社图书，如有印刷质量问题，可与发行部联系调换）

· 中国航空院士丛书 ·

丛 书 序

中国科学院院士和中国工程院院士,是国家设立的科学技术和工程科学技术方面的最高学术称号,为终身荣誉。中航工业的院士群体是航空技术领域的学术权威和资深专家,他们为中国航空工业的振兴和发展建立了卓越功勋,作出了巨大贡献,是中国航空工业的宝贵财富。

探寻院士们的成长足迹,给人以启迪和震撼。他们有的少年立志,投身航空,报效祖国;有的家境贫寒,顽强拼搏,奋斗一生;有的屡遭挫折,百折不挠,矢志不渝……他们身上闪耀着坚持真理、不懈追求的科学精神,凝聚着自强不息、孜孜不倦的奋斗精神,展现了淡泊名利、爱党报国的民族精神,他们以实际行动践行了"航空报国,强军富民"和"敬业诚信,创新超越"的集团宗旨和理念,十分值得我们学习。

在中航工业加快改革步伐、全面实施"两融、三新、五化、万亿"发展战略的关键时刻,我们推出《中国航空院士丛书》,就是要从院士们身上汲取智慧与力量,弘扬精神,放飞思想,激情进取,创新图强,为把中航工业早日建设成为具有国际影响力的世界级大企业集团、把我国建设成为航空工业强国而努力奋斗!

中国航空工业集团公司党组书记、总经理

2010 年 1 月

序

伴随着共和国 60 华诞的自豪与喜悦，承载着中航工业战略转型的责任与使命，素以"出成果出人才"著称的中航工业北京航空材料研究院又有讲述曹春晓院士的《多彩的人生》正式出版了，这是北京航空材料研究院献给中航工业的一份厚礼。

有人说，院士是一本书，一本开卷有益、久读不厌的书；也有人说，院士是财富，是启迪后人心智的精神财富。在北京航空材料研究院，德高望重的曹春晓院士是我们的骄傲，他不仅在我国钛合金研究与应用领域作出了卓越贡献，取得了令人瞩目的研究成果，还培养出了一大批青年科技人才。他对事业的执著，对真理的追求，对人生的感悟，对名利的淡泊，对家人的挚爱，以及对朋友的情义，都非常令人感动。透过这本书，我们会更深入地了解中国航空材料不平凡的发展轨迹，感受老一辈科学家的满腔爱国情怀，思索在漫漫人生路上如何活得更精彩、更有建树，对国家对社会更有价值。

中航工业北京航空材料研究院作为我国唯一面向航空的综合性材料研究机构，在栉风沐雨中已走过了半个世纪的征程，取得了 2300 余项科研成果，同时也培育了一大批科技领军人才，曹春晓院士就是其中杰出的代表，是青年人学习的榜样。

愿《多彩的人生》能带给您更多的启迪、更多的思索、更多的感悟、更多的快乐，也衷心祝愿曹春晓院士身体健康、家庭幸福、万事如意！

中航工业北京航空材料研究院

李晓红　王亚军

2010 年 1 月

目　　录

开篇　中国航空用钛的开路先锋 ··· 1

第一章　孩提时代 ··· 5
出生 ··· 5
幸福成长 ··· 8
兄弟姐妹 ·· 11
当上小学生 ··· 12
近视眼惹大祸 ·· 14
妈妈给了他第二次生命 ·· 16
挺身而出 ·· 16
屈辱激发他奋发图强 ··· 17
抗日情怀 ·· 17

第二章　中学时代 ··· 19
步入初中 ·· 19
上海解放 ·· 20
进入南模中学 ·· 21
毛主席为南模中学壁报题字 ······································ 23
报名参加军事干校 ·· 25
竞选学生会执委 ··· 26
恩师赵宪初 ··· 27

第三章　大学时代 ··· 29
考入上海交通大学 ·· 29
加入中国共产党 ··· 31
他所敬佩的周老师 ·· 34

毕业分配 ·· 35

第四章　爱情向他走来　37
　　昙花一现的邂逅 ·· 37
　　莫名其妙的决斗 ·· 38
　　爱情不期而至 ··· 41
　　上东北实习 ·· 43
　　受到准岳父岳母的赞赏 ·· 43

第五章　走上工作岗位　46
　　奔赴北京 ··· 46
　　参加筹建钛合金实验室 ·· 49
　　改诗言志 ··· 52
　　喜结良缘 ··· 54
　　参加高温合金研制 ·· 57

第六章　在科研战场上成长　59
　　向苏联专家学习 ·· 59
　　研究钛合金压力加工工艺 ··· 59
　　现实经历启迪"善自控" ·· 61
　　调任所长学术秘书 ·· 63
　　初为人父 ··· 65
　　自明明人　自信信人 ··· 66
　　第一篇学术论文 ·· 68
　　参军授衔 ··· 68
　　下连队当兵锻炼 ·· 69

第七章　掀开我国航空用钛第一页　74
　　确定主攻方向 ··· 74
　　旗开得胜 ··· 78
　　文革中的"逍遥派" ·· 83

大字报风波 ··· 84
又当爸又当妈 ··· 86
"开后门"搞科研 ··· 87
舍小家 顾大家 ··· 88
参加运 10 飞机研制 ····································· 89
获全国科学大会奖 ······································· 91
AHLT 工艺的诞生 ······································· 92
赴英国考察 ·· 94
住院时妻子精心照顾 ···································· 97
在钛国际会议上作报告 ································· 99

第八章　TC11 合金研制结出丰硕成果　102
自力更生　为国争光 ···································· 102
预则立　不预则废 ······································· 104
自尊尊人　自爱爱人 ···································· 105
启动 TC11 合金大炉研制 ······························ 110
公而忘私　令人感动 ···································· 111
解决新型歼击机急需 ···································· 112
可信赖的"法官" ·· 115
两个战场双双获胜 ······································· 116
首创 BRCT 热处理工艺 ································· 117
成人之美 ··· 120
同志真情 ··· 122

第九章　向 550℃高温钛合金进军　124
继续发扬大协作精神 ···································· 124
使用"组合拳"破解难题 ······························· 126
课题双双获奖 ··· 130
"真人"相助 ·· 131

第十章　热障未破　岂能停蹄 ········· 133
　　决心突破"热障" ········· 133
　　张冠李戴考验自信 ········· 136
　　Ti$_3$Al 基合金研制取得重要成果 ········· 138
　　妈妈去世激起的震荡波 ········· 139
　　过度疲劳突然病倒 ········· 141

第十一章　"院士后"时代 ········· 142
　　冷静对待当选院士 ········· 142
　　不脱离科研活动 ········· 144
　　为培养人才多做贡献 ········· 147
　　为科普活动多做贡献 ········· 153
　　为社会活动多做贡献 ········· 156
　　为昌航的发展尽心尽力 ········· 163

第十二章　多彩的人生 ········· 166
　　多元化的生活情趣 ········· 166
　　名副其实的"孝亲敬老之星" ········· 170
　　金婚庆典 ········· 172
　　永远鲜红的政治生命 ········· 173

尾声　隐形的翅膀 ········· 175

我眼中的曹院士 ········· 179

附录一 ········· 199

附录二 ········· 207

附录三 ········· 210

后记 ········· 214

开篇　中国航空用钛的开路先锋

曹春晓，中国科学院院士、著名钛合金学者、材料科学家、国家级有突出贡献专家、中国钛合金研究与应用的创始人之一，现任中航工业北京航空材料研究院高级顾问、研究员、博士生导师、南昌航空大学学术委员会主任、中国航空研究院学位评定委员会副主任兼中航工业北京航空材料研究院学位评定委员会主席、先进高温结构材料国防科技重点实验室学术委员会主任、国家国防科工局科学技术委员会委员、大型飞机重大专项专家咨询委员会委员、中国航空工业集团公司科学技术委员会顾问、中国航空学会常务理事兼材料工程分会名誉主任、中国航空学会学术工作委员会委员、中国有色金属学会资深常务理事、中国锻压协会顾问、中国有色金属工业协会钛锆铪分会顾问兼技术委员会首席专家、中国机械工程学会特邀理事、《材料工程》杂志主编、《航空材料学报》副主编等，曾任全国博士后管委会材料科学与工程专家组组长、国防科工委专家咨询委员会委员、中国机械工程学会塑性工程学会理事长、中国有色金属工业协会钛业分会会长、中国科学院技术科学部常委等。

曹春晓，一个多么富有朝气和诗意的名字，人如其名，他热爱事业，也热爱生活，有着一股为事业拼搏、向困难进击的炽热的生命活力，也有一颗充满情趣、乐观向上、永远年轻的心。

少年时代的曹春晓就怀着"科技强国"的理想，参加工作后立志"航空报国"，从而立之年起，他便成了科研攻关的领军人物，先后多次率领由航空部内外厂、所、院、校组成的大型联合课题组，在航空用钛的科研战场上，纵横驰骋。实验室里曹春晓没日没夜，转战南北时他风风火火，在各厂所之间进行协调、合作,费尽心力。几十年的艰辛换来了赫赫战绩:体坚质轻的钛合金家族从零开始,先后"进驻"到10多种飞机的发动机和其他部件上,让一些笨重的钢部件相继"退役"。由于给发动机"减了肥",提高了航速,增加了航程,节约了燃料,翱翔在祖国蓝天的"战鹰"更加轻捷矫健了。曹春晓在从事钛合金研究50多年的生涯中,殚精竭虑、勇往直前、不断创新、勇攀高峰,取得累累硕果,这位工龄=钛龄=院龄的航空材料研究院的建院先驱,不愧为我国航空用钛的开路先锋。

曹春晓不断开创新型钛合金和钛-铝系金属间化合物及其制备技术,为我国在该领域赶超世界先进水平作出了重大贡献。根据再结晶和相变相结合的原理,创立了高低温交替热变形技术,解决了长期存在于大型钛合金零件生产中金相组织不均匀的关键问题;利用特定的相变模式,优化钛合金β转变组织形态和综合性能,首创BRCT热处理技术;利用形变-相变联合机制,创立钛合金急冷式β热变形强韧化技术;研究了钛合金的强化机制、阻燃机理、疲劳裂纹扩展特征等基础性问题,并取得了创造性成果;开创了具有中国特色的钛-铝系金属间化合物均匀化熔炼技术、锻造和热处理工艺,突破了"室温脆性"等技术难关,成功地研制出我国第一批Ti_3Al合金航空发动机零件。

当选院士后,曹春晓仍不脱离科研工作。作为指导人,他参加了阻燃钛合金、600℃高温钛合金、TiAl金属间化合物以及TA15结构钛合金等重要课题的研究;作为技术首席专家,他主持完成了国家安全重大基础研究项目——"航空复杂构件精确成形过程设计与控制的理论和方法的研究",并取得了重要的创新性成果。

曹春晓先后获得国家级和部级科技成果奖16项,其中,全国科学大会奖1项,国家科技进步一等奖1项和二等奖3项,国家发明三等奖2项。

曹春晓在学术理论上也颇有建树,先后发表论文约200篇,其中不少是在国外刊物或国际会议上发表的,在国内外钛学术界很有影响。他参与编写的《锻件质量分析》一书获1983年全国优秀科技图书二等奖。2002年,由曹春晓和郝应其编著的"院士科普书系"之一《材料世界的天之骄子——航空材料》出版,《科学时报》为此作了专题报道,"院士科普书系"于2005年获国家科技进步二等奖。由陶春虎、刘庆瑔、曹春晓、张卫方合著的《航空用钛合金的失效及其预防》一书于2002年出版，获国防工业出版社的优秀图书奖。

曹春晓精心培养年轻人，既注意传授指导，又放手锻炼他们独立解决问题的能力。他希望下一个学术梯队早日成熟，紧握接力棒，向更高的科学巅峰挺进。他先后培养出4名硕士、12名博士和3名博士后。这位北京航空材料研究院的劳动模范，早在1993年就被航空航天工业部评为优秀研究生导师。

鉴于曹春晓对我国科技事业特别是航空科技事业的重大贡献，他在1996年获光华科技基金奖一等奖；1997年当选中国科学院院士；2001年获中国航空工业系统的最高奖——航空报国金奖；2006年获航空报国突出贡献奖。

在举国欢庆的中华人民共和国成立60周年之际，曹春晓作为嘉宾应邀站在观礼台上，观看展示国威、军威的雄壮的阅兵式和尽显祖国繁荣富强的60辆彩车及群众游行队伍，在各种型号的军用飞机以不同编队形式飞过天安门上空时，他不禁心潮澎湃、百感交集、热泪盈眶。他生在旧社会，目睹了"三座大山"重压下的中国社会的贫穷落后、民不聊生；他长在红旗下，感受到了新中国欣欣向荣、兴国强军的美好景象，对祖国60年来翻天覆地的巨变，他更是有着深切的体会。今天的中国再也不是60年前被人看不起的"东亚病夫"，而是在国际事务中拥有越来越多话语权的巍然屹立于世界东方的雄狮。60年来，中国从不会制造到能够生产出型号繁多、性能先进的飞机，构筑起了令世界瞩目的巍巍空中长城，每个航空人怎能不为之感到骄傲！在这些勇猛威武的"战鹰"身上，凝结着他的一份智慧和心血。几十年来，他日夜兼程、呕心沥血，把自己的青春和整个生命都毫无保留地奉献给了航空事业，奉献给了亲爱的祖国。为此，他感到欣慰和自豪。

生命不息，奋斗不止。业已古稀之年的曹春晓，至今仍跋涉在科学研究的崎岖道路上。老骥伏枥，志在千里。在驰骋了一生的科研战场上，曹春晓仍在精神抖擞、气势昂扬地拼搏着、战斗着……

参加中华人民共和国成立60周年国庆观礼活动

第一章　孩提时代

出生

1934年8月6日凌晨,一个可爱的小生命呱呱坠地,生下来的是个男孩,妻子金巧云和刚从上海赶回上虞(属绍兴)的丈夫曹荫培心里都乐开了花。

自此,在上虞这片神奇的土地上,又多了一位未来的名贤。

曹荫培在家细心照顾妻子和孩子满月后,准备返回上海,虽然他舍不得离开家人,但也放心不下上海那边的店铺。临走的那天晚上,妻子对他说:"你给咱孩子取个名字吧!"曹荫培一面喝着绍兴黄酒,一面思量着。老大取名为春旺,预示着家庭和事业的兴旺发达;老二该取什么呢?沉思中突然来了灵感,他拍手叫好:"就叫春晓吧!"妻子问他为什么取这个名字?曹荫培说出了3个理由:一、孩子是拂晓出生的;二、"晓"字富有诗意,家喻户晓的孟浩然的唐诗《春晓》中就有晓字;三、"晓"字主要寄望于孩子将来通晓事理,做个有学问的人。妻子听罢,啧啧称妙。

曹春晓的确切出生地是浙江绍兴的上虞(县级市)曹村。

绍兴地处长江三角洲南翼,浙江省中北部杭、甬之间。历代以来,绍兴出过文武状元227名,进士2238名,现今的绍兴名贤馆中,群星璀璨,记载着为中华民族的崛起,为黎民百姓的幸福作出过重大贡献的贤人97位,其中两院院士61位,曹春晓也位列其中。

上虞位于绍兴的东北部,殷商甲骨文中已载有"上虞"地名。上虞文化底蕴深厚,系"故舜封地"(舜为"尧、舜、禹"三圣之一),是全球最早的青瓷

多彩的人生——记中国科学院院士曹春晓

充满诗情画意的水乡——绍兴

发源地,"浙东唐诗之路"的重要一站。"江南第一"曹娥庙、"东山再起"娥江景、英台故里祝家庄、白马湖畔春晖园等名胜古迹,孕育了一大批杰出人才,上虞的两院院士有12位之多。

上虞曹娥江畔的东山指石

曹村,当时叫曹家堡,据考证,曹春晓一家属于虞西板桥曹氏家族。其祖先是个大户人家,有99间房,但不知什么年代被一场大火烧毁,只有一座气势不凡的石制门台仍较完整地保留在旧址。门台上方的横匾一面刻着"紫气东来",另一面刻着"勤俭维风"。可见当时的曹氏家族既

上虞的曹娥庙

期望兴旺发达,又提倡勤俭家风。

曹荫培生于1905年,小时念过几年私塾,学过《三字经》、《百家姓》、唐诗宋词,有点文化基础,写得一手好字,在当时算是个识文断字的小知识分子。由于受新思想的影响,曹荫培崇尚名人,曾结识绍兴上虞的同乡——从日本留

曹村的板桥——虞西板桥曹氏家族的象征

曹氏祖先旧居门台上方的横匾

学归来、后被推举为首届中国文艺家协会主席的文学家夏丏尊（曹春晓小时候曾多次看到他到上海的家中做客）。在夏丏尊的启发下，曹荫培不甘平庸，决心到外面闯荡一番。到什么地方去呢？他看到一些同乡纷纷去了上海。

20世纪20年代后期到30年代初期，上海的近代工业逐步发展起来，其在企业数量、技术装备、工厂管理等方面都在全国确立了优势地位。同时，随着新的工业门类不断开拓，上海成为中国近代工业的重要基地。伴随着经济的发展，上海一度成为远东的贸易中心、金融中心和航运中心。

上海素来有海纳百川、有容乃大的情怀，她包罗万物、宽厚大度。因此，当时的上海就像一块巨大的磁石，吸引着全国的有志之士来到这个大舞台，开展经济、文化、政治等各种活动。18岁的曹荫培就这样怀揣着梦想，从上虞来到上海，先是当学徒，由于吃苦耐劳、勤学多思，很快就学了不少本事。几年后，曹荫培有了一些积蓄，人生经验也更丰富了。1932年起，曹荫培当起了旅社和绸布庄的业主，开始了自己独立经营的生涯。

幸福成长

曹春晓从小便长得清秀端正，人也机灵活泼，一双大眼睛总是滴溜溜地转，似乎对这陌生的世界充满好奇。不到一岁，小春晓就能咿呀学语，刚过一岁，就能走路，一见人就笑，特别的可爱，大家都爱逗他、抱他。爸妈后来给他起了个小名——小旺，他哥哥的小名叫大旺。

小春晓的妈妈虽然没有文化，却是个典型的贤妻良母，温存和善，对孩子更是疼爱有加。小春晓从小就喜欢吃鱼虾，妈妈总是弄些新鲜的来，变着花样做给他吃，但哥哥却爱吃肉，兄弟俩各有所好，因而互不争抢，只是累了当妈妈的，又要烧肉又要做鱼。小春晓在妈妈的细心呵护下幸福地成长着。

曹荫培在上海的生意逐渐有了起色，赚了些钱，于是，决定将母子三人接到上海。1937年，他们在黄陂南路的霞飞路口（现今的淮海中路）法属租界的一个里弄找了3间楼房住了下来，门牌号为黄陂南路123弄1号。来到这个繁华的大都市，曹春晓对一切都感到很新鲜。鳞次栉比的高楼大厦，穿梭往来的

曹春晓3岁时全家合影（母亲抱着的为小春晓）

汽车、电车、街上熙熙攘攘的人群、五彩缤纷、变幻莫测的霓虹灯，使他眼花缭乱、目不暇接。

一次，曹荫培去办事，顺便带着小春晓。到了南京西路，看到高耸入云的国际饭店，小春晓惊讶了："怎么有这么高的房子？怎么上去呀？"曹荫培告诉小春晓："乘楼里的电梯可以上去。"小春晓就想让爸爸带他去坐电梯，试试什么滋味。曹荫培告诉小春晓："那不是一般人去的地方，门口有门卫，不让随便进。"

"那什么人才让进呢？"小春晓仍不甘心地问。

对于3岁的孩子，曹荫培也不知道怎么给他解释清楚。

不能进去，小春晓就在外面数楼房的层数。他费力地扬起头，一层一层地数着，不想，一阵风吹来，把帽子刮跑了。但他却顾不上去捡，仍在专心地数着："15、16……"曹荫培跑过去把帽子捡回来，生气地责备他："帽子也不要了，是不是？"小春晓好像没听到爸爸在说什么似的，只是大喊："24层，这么高哟！"曹荫培虽然一面在斥责他，一面却暗自对他这种对什么都好奇，对什么都喜欢探个究竟的性格很是欣赏。

从那时起，小春晓便朦胧地感到，原来世界上的人是不一样的，他长大了要做那种能坐电梯的人。

又有一次，小春晓的妈妈带着小哥俩上街。小春晓看到电车后，特别感兴趣。它为什么会跑？那"叮当叮当"的声音是从哪里发出来的？为了看个明白，他从人行道上跑到了马路中离铁轨很近的地方。当电车开过去时，"叮当"声的问题搞清楚了，但这可把妈妈吓出了一身冷汗，赶快跑过去把他带走。以后，妈妈再也不敢带他去看电车了。

小春晓的妈妈心地善良，信奉救苦救难的观音菩萨，家中常年供着观音的佛像。她虽不是个常年吃素、经常念经的地道的佛教徒，却笃信诸恶莫作、众善奉行、慈悲为怀、与人为善的佛教宗旨，并付诸于自己的行动之中。有一次，调皮的小春晓故意踩死了两只蚂蚁，妈妈看见了，非常严肃地批评他："蚂蚁虽小，但也是个生命。踩死一个小生命是有罪的，会受到惩罚的。蚂蚁没有招惹你，你为什么要置它于死地呢？"从那以后，小春晓再也不伤害蚂蚁了，而且喜欢上了小动物,特别是蚕宝宝。他仔细地观察,蚕怎样从幼虫吃桑叶慢慢长大,到吐丝结茧,到成蛹,到变成蚕蛾,到破茧飞出,到交配产卵,到孵化成幼虫的全过程,他觉得非常有意思。后来,当他看到一些小飞蛾从米袋中飞出来时,就想,这些小飞蛾是不是也是从幼虫变来的?他去问爸爸,受到爸爸的表扬,并鼓励他,要善于观察,善于联想,举一反三,这样,才能积累知识,增长学问。

兄弟姐妹

1937年,妹妹出生,取名曹亦君;1939年5月,曹春晓又添了个弟弟,取名曹春晧。曹春晓的父亲取名是有讲究的,他给儿子取名的第三个字,都要带个偏旁"日",蕴含"如日中天"、"红红火火"之意。"晧"同"皓",意为洁白、

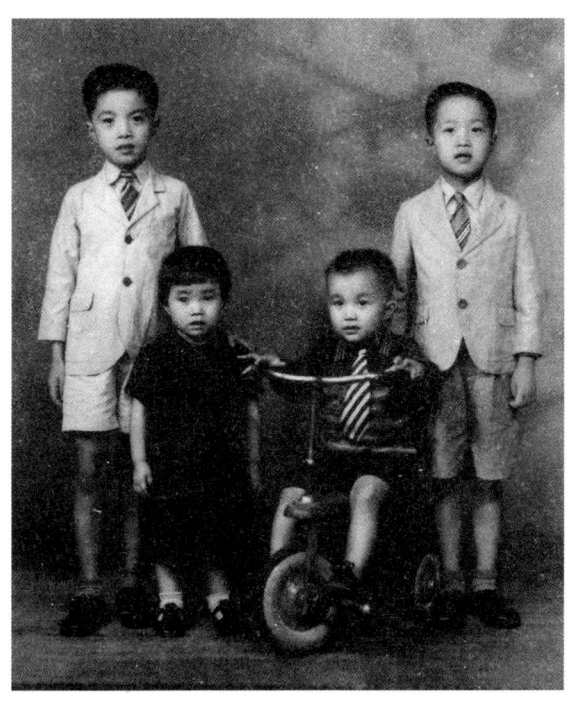

孩提时的曹春晓(右一)与兄妹合影(左一哥哥,左二妹妹,右二弟弟)

光明，在古字中，"白"与"日"相通。自此，兄弟姊妹4人在父母的培养呵护下，幸福快乐地成长着。他们个个聪明能干，只是妹妹后来不幸得了侏儒症，成了全家特别是父母的一块心病。但妹妹手脚灵巧，非常聪明，功课也好，只是受不了别人异样的目光，辍了学。曹春晓对妹妹的感情很深，至今仍一直关心着妹妹。除妹妹外，三兄弟后来都上了大学，成为栋梁之才，为国家作出了重要贡献。曹春晓的哥哥毕业于华东纺织学院，后任上海灯芯绒总厂厂长。弟弟毕业于哈尔滨军事工程学院，后任中国船舶重工集团第701研究所高级工程师。曹春晓本人于上海交通大学毕业后在北京航空材料研究院工作。后来，曹春晓曾风趣地说："我们家三兄弟，陆、海、空都占了。"

当上小学生

光阴似箭，转眼到了1940年，小春晓6岁，该上学了。对这个聪明机灵、活泼可爱的孩子，望子成龙的父母寄予了厚望。父亲给他买来了书包、课本、铅笔、橡皮擦、作业本等学习用品，母亲给他赶制了新衣服。

上学的前一天晚上，父亲叮嘱他："以后可要专心听讲，刻苦用功，只有学好文化，将来才会有出息，才能做大事。吃得苦中苦，方为人上人。"母亲一边拉着他的小手，一边深切地看着他说："儿啊，要好好学习，取得好成绩，听老师的话，和班里同学友爱相处，凡事让着点，可不能打架、闹事。一定要做个好学生，给爸妈争气呀！"

父母的话在曹春晓幼小的心中留下了深刻的印象，特别是妈妈那动情的嘱咐、殷切的期盼，更让他难忘。妈妈的这一席话，不仅使他感受到了慈母的一片爱心，更使他强烈地认识到，能否成为一个好学生，在妈妈心中是多么重要。小春晓暗下决心：我一定不能让妈妈费心，不能让妈妈失望。于是他对妈妈说："妈，你放心，我会努力的，我要成为班里最好的学生！"妈妈紧紧地把他搂在怀里，眼里闪出了激动的泪花，连声说："好孩子，好孩子。"

曹春晓家住在二楼。楼下住着一家三口，是和善礼让的好邻居。正好邻居家的女儿毛毛（小名）当年也该上学了。于是，双方家长商定让他们做个伴，约好同去同回，也好互相有个照应。

开学那天早上，妈妈给曹春晓换上了新衣服，爸爸给他背上新书包。要上学了，曹春晓显得异常兴奋。他向往一种新的生活，一种不仅能读书学习还能和许多小朋友一起玩耍的快乐生活。妈妈把他送到楼下，并叫上毛毛，向她亲切地交待了一番。毛毛的母亲也对曹春晓嘱咐说："她是女孩，你是男孩。若有人欺负她，你可要好好保护她呀。""伯母，我会的！"曹春晓回答得很干脆。

爸爸领着曹春晓和毛毛，高高兴兴地上学去了。学校离家很近，不一会儿就到了。曹荫培先后找到校长和老师，对他们恳切地说："这是我儿子曹春晓，这是邻居家的女孩毛毛，拜托你们多多关照。孩子不懂事，要是不听话，不好好学习，就多教育他们。有什么事麻烦跟我们联系。"校长和老师都热情地说："放心吧，我们会尽力关照好他们的。"

这所小学叫民生小学，校名取自孙中山先生的三民主义（民族、民权、民生）中的"民生"，彰显着学校办学的宗旨是奉行三民主义，是为了国家建设和提高民众的生活水平培养人才。学校的校长、老师对孙中山都非常崇敬，他们教育学生说："孙中山之所以能成为伟人，是与他从小就刻苦学习分不开的。"在这种校风的熏陶下，曹春晓逐渐把孙中山当成了自己心中的偶像。他暗暗下定决心，一定要努力学习，长大后做个像孙中山那样既有革命精神又有真才实学的能造福民众的人。

第一学期，父母管得很紧，放学回家总要问这问那，比如作业得多少分啦，好好听课了吗，挨老师批评没有，和同学吵架了吗？并且每天督促着小春晓回家先把作业做完。其实，不用父母这样操心、鞭策，曹春晓自有足够的学习动力。期末考试成绩公布时，小春晓名列全班第一，获得了老师、父母、亲友、邻居们的一致赞扬，这使他备受鼓舞，极大地增强了自尊心和自信心。小春晓想，在学习的道路上，只能前进不能后退，只能往上攀，绝不能往下跌。在以后的学习中，小春晓更加认真，上课时专心听讲，回家后先把作业做完再去踢毽、跳绳、拍三角、打弹弓、打乒乓球……在整个小学6年中，父母对他的学习很少操心，而他的成绩却总是名列前茅。

小春晓上小学时，弟弟只有一岁，妈妈的精力不得不主要放在弟弟身上，对小春晓就顾不了那么多，有时还让他帮助照看弟弟，培养小春晓的独立生活能力。

近视眼惹大祸

曹春晓自幼就有一种与生俱来的强烈的好奇心、求知欲，只要遇到没有见过、没有听过的新鲜东西，"精神头"一下子就提了起来，就马上想认知、破解。拿上语文课来说，只要新认识一个字，他就会高兴得不得了。到二年级时，常用字小春晓基本都认得了。三年级一开学，小春晓偶然发现一个高年级的同学在看《水浒传》，觉得好奇，就与这位师兄套近乎，磨了好长时间，师兄终于答应借给他看。几天后，小说到手，小春晓就如饥似渴地读了起来。之后，像什么《西游记》、《三国演义》等等，他都想办法弄来一一细读。小春晓作业做得快，每天回家后一做完作业，就看课外书，简直成了小书迷，常常看到天快黑了，还手不释卷。嘿！孙悟空一个筋斗就能翻到十万八千里之外；他那根金箍棒多厉害呀，翻江倒海，把龙宫都搅得摇摇晃晃，孙悟空怎么有那么大的能耐，他是怎样修炼出来的？小春晓每天都怀着浓厚的兴趣贪婪地阅读着。可是，这样一来，9岁时，小春晓便成了近视眼。父母想带他去配眼镜，但小春晓却怕同学们讥笑他"小四眼"、"四眼狗"，一直不肯去，于是便埋下了祸根。

一天，与小朋友们相约到郊外玩耍，小春晓看到几只青蛙在草地上跳来跳去，很是可爱，就想去抓一个来玩玩。他扑了上去，但小青蛙"拒捕"，蹦跳到铺满水面的青色浮萍上。由于近视，小春晓以为那些浮萍也是草地，就跟着去"追捕"，"扑通"一声，便掉进了两三米深的水塘。小春晓不会游泳，慌乱之中用手乱划着、挣扎着，当浮出水面时，急忙大声呼救，幸好有人路过将他救了起来。

虽然侥幸躲过一劫，小春晓仍然不肯配戴眼镜。于是又出现了第二次险情。

这一次，他跟姨妈到亲戚家串门，亲戚家住的三层楼窗外搭了个与窗台齐高的玻璃顶棚，以作挡雨之用。由于年久，顶棚已被厚厚的褐色尘土覆盖，玻璃已不再透明。淘气又近视的小春晓误认为这是屋顶，就爬了上去。玻璃顶棚"嘎吱"一声就破碎了，小春晓坠落下去。在这千钧一发之际，机敏的他居然用小手抓住了一根条框，亲戚们闻声迅速赶来把他拉了上来，好险啊，差一点就掉到天井的水泥地上。

又一次大难不死，使得小春晓好几天都惊魂未定。他反思自己的行为，接受了教训，再也不能怕别人讥笑而因小失大了。于是他很快配戴上了眼镜，之后，类似的事件再也没有发生过。

这两件性命攸关的事对他触动很大，并深深刻在小春晓的心中。后来上初中时，他曾在一篇作文中，讨论过这两次事件，主要有两点感想：首先，草率决定不配戴眼镜是导致发生"落水事件"的根本原因，今后在做事尤其是重要的事情之前，一定要慎重考虑，正确决策，决不可鲁莽行事；其次，如果发生"落水事件"后，能及时接受教训，戴上眼镜，就不会发生其后的"坠棚事件"，因此，行事后必须认真思考成败之因，败者可调整行为而避免重蹈覆辙，成者可肯定行为而继续努力。这两点感想后来成为曹春晓一生遵循的"三思而行，行而三思"的为人处事之道的雏形。

妈妈给了他第二次生命

上四年级时，小春晓得了伤寒，发高烧、头疼，妈妈便给他熬中药吃，慢慢地快治好了。医生这时交待他，在病完全好之前不能吃油腻的东西。可小春晓好多天不见荤了，嘴馋得不行。于是，趁母亲不在家时，他悄悄到厨房偷肉吃。这一吃可坏了大事，伤寒又复发了，高烧不退、浑身酸痛、上吐下泻。母亲到处求医，可医生们都束手无策，有的医生甚至说没有希望了，但妈妈不死心，西医不行看中医，近点的医院治不了就背着小春晓到远处去。由于妈妈执着地与死神抗争，终于从死神的魔爪中救出了小春晓，小春晓终于又能活蹦乱跳地上学去了。为此，小春晓深深地感谢妈妈，他知道，是妈妈再一次给了他生命。

挺身而出

上五年级时，有一天放学后，小春晓在学校门口等毛毛一起回家。毛毛过来时，身旁有一个比她大的男生在纠缠，还拉拉扯扯的。毛毛极不耐烦地甩开他往前走，可那个男生还是死皮赖脸地追着。小春晓一见此景，立即跑过去大喝一声："你要干什么？"那个男生看到有人护卫毛毛，只得悻悻离去，在转身往回走时，狠狠地瞪了小春晓两眼，眼睛里射出的凶光似乎在说："谁叫你多管闲事，等着瞧吧！"小春晓也不示弱，眼睛直直地盯着对方，像是在警告他："小瘪三，你莫狂！"小春晓虽然替毛毛解了围，但毛毛余惧未尽，禁不住"哇"地一声哭了。小春晓安慰她说："别怕，有我在，没人敢欺负你。"在六年的小学生活中，小春晓与毛毛结下了深厚的友谊，只是世事变迁，后来失去了联系，但这种两小无猜的纯洁友情至今仍深深留存于曹春晓的记忆之中。

屈辱激发他奋发图强

曹春晓勤奋好学，又爱看小说等课外书，他的语文水平提高很快，他的作文常常受到老师的赞扬并被当作范本在班上朗读。曹春晓从小在学习上是尖子，在各种活动中是领头人，这对于他以后成为科研团队中的领军人物，无疑是大有益处的。

上小学的这段时间，正是祖国饱受帝国主义列强蹂躏的苦难岁月。小春晓的家就住在"法国公园"（现复兴公园）附近。一天，他看到公园门口赫然写着"华人与狗不得入内"的标牌。当时，他的心震了一下，好像被什么东西刺了似的。把我们中国人与狗相提并论，把华人当成可被人随意宰割的猪、狗？小春晓的心中不禁生出一阵酸楚与愤怒。他感慨祖国的衰败，痛恨洋人的骄横，于是产生了奋发图强、为国雪耻的信念。从此，曹春晓更加努力地学习，后来接受了科学强国的道理，认为报效祖国一定要掌握真知识、真本领。

抗日情怀

1937年8月13日，日寇发动了对上海的进攻，史称"8.13"事变。9月8日，日军飞机轰炸上海火车南站时，附近的工厂、学校、慈善机构、寺庙等也被轰炸。11月12日，日军占领南市后，又连续3天3夜放火焚烧南市。南市区的200多家工厂被破坏了三分之二以上，死亡人数超过500人。

那时，曹春晓正值幼年，不谙世事。因为曹春晓家住在法租界内，所以他很少见到日本兵的行踪。但在那段时期，日寇强行在上海的学校施行奴化教育，要求学生都学日语。不过校方一般只持应付的态度，曹春晓和同学们也都消极怠学，还用谐音的方式取笑日语，把日语中的"哇达库西（意为我）"戏说为"滑得过去滑,滑不过去不要滑,你是滑不过去的",由此可见,当时学校的师生们虽然身处日寇的统治下,却不甘做亡国奴。

中国人民经过艰苦卓绝的8年抗战,在国际反法西斯同盟的支援下,于1945年9月9日,正式宣告抗日战争胜利,这一天是上海市全民狂欢的节日。曹春晓家所住的淮海中路一带,人山人海,锣声、鼓声、歌声、欢呼声,震天动地。曹春晓从来没见过这样盛大的欢乐场面,激动得不能自已。虽然当时他只有11岁,但却深深感受到国家民族的命运和个人的前途有着多么紧密的联系!

第二章　中学时代

步入初中

1946年，曹春晓考进了离家较近的崇实中学。崇实中学的办学宗旨是：讲实话、做实事、办实业。这对曹春晓从小树立实事求是的思想有很大影响。

进入初中的曹春晓，仍然继续保持着学业上的领先地位。加之他爱看课外书，有着较为广博的知识，因此，不久就得到一个挺受听的雅号——小博士。他原来担心别人叫他"小四眼"、"四眼狗"，其实根本没有人这样叫，戴上眼镜后倒更像个"小博士"了。

有一次在课堂上，老师讲到了牛顿发现万有引力的故事，这给了曹春晓很大的启示。他想：平时许多司空见惯的现象，我不是也习以为常没有好好思考其所以然吗？当树上的苹果落到自己的头上时，常人都不会像牛顿那样去想"苹果为什么不往上掉或是往斜掉"。在常人看来，东西往下掉，是天经地义、理所当然的，有什么可"胡思乱想"的呢？在河中洗澡时，常人也不会像阿基米德那样想到"为什么身体越往下就越感到浮力大"这类问题。但正是由于科学家们的"胡思乱想"和"少见多怪"，以及在此基础上的实验和实验后的思考，才有了万有

步入初中的"小博士"
曹春晓（右）与同学

引力学说和浮力原理。于是，曹春晓联想到太阳为什么总是早晨从东边爬上来，晚上又从西边下山呢？它为什么总是绕着地球转（那时是这样认为的）而不会掉下来或是飞走呢？月亮为什么在月中时很圆很亮，而在月末、月初时又变得像香蕉似的弯弯的、细细的呢？下课后，他就去问老师。老师详细地给他做了解释，又鼓励他今后多思考问题，多提出问题，老师很喜欢这样的学生。曹春晓由此开始懂得了科学家成功的一个重要素质，就是对周围的一切现象保持好奇、敏感，并开动脑筋去思考、去探索。

上海解放

抗战胜利后，日本鬼子走了，美国大兵来了。美国大兵搂着女郎，开着吉普车在大街上横冲直撞，市民唯恐避之不及。国民党接收大员只顾抢夺胜利果实，中饱私囊，根本不管老百姓的死活。以黄金荣等为头目的黑社会横行霸道，百姓们有理无处讲。物价飞涨，一麻袋金圆券只能买到半麻袋粮食；工厂里发工资时，工人们都不要金圆券而要求发银元；粮食匮乏，有钱也难买。看到国民党的腐败无能，少年曹春晓的心中，对国民党打出的三民主义旗帜失去了信心。他认为三民主义很难实现，逐渐形成了科学救国的想法。

1949年5月，上海解放。解放军和蔼可亲、纪律严明、秋毫无犯，宁可睡在大街上也不随便入室扰乱民众。一大早醒来，百姓们发现：大门旁边、马路两边、弄堂里，有坐着的，有躺着的，都是穿军装的兵。有人在喊："解放军来啦！"老人小孩都好奇地从家里跑出来看，有的人送来开水，有的人送来煮熟的鸡蛋，老大爷拉住解放军同志的手心疼地说："这街上怎么能睡觉呀？赶快到家里去休息休息。"可解放军同志只是摇摇头连声说："谢谢，谢谢……"小孩子们高兴地跳呀蹦呀，到处看热闹，一会儿摸摸解放军的枪，一会儿听解放军唱革命歌曲。南京路上好八连的感人事迹，更是传遍了上海……

曹春晓惊奇地发现，人民群众竟如此欢迎、拥护共产党和解放军。他这时也才真正知道什么叫"军民鱼水情"。国民党把共产党丑化成什么"共匪"、"共产共妻"，完全是胡说八道。此时，曹春晓即将初中毕业，已开始明白时事政治，他感到中国有希望了，长大后自己可以在共产党的领导下从事科学研究，为国家的强盛贡献自己的全部力量。他对共产党产生了信任和敬仰，也开始把自己的生命融入到共产党的生命之中……

进入南模中学

南洋模范中学（简称南模中学）创立于1901年，有着厚实的文化底蕴。校训"勤、俭、敬、信"凝结着南模人以"培养人才、建设国家"为己任的爱国热忱、注重人格素质培养的教育理念以及尚实重行的办学思想和放眼全球的宽广胸襟。因此，南模中学形成了以"实"为核心的校风：学业扎实、生活朴实、工作踏实、

南模中学的旧校门

身体结实。

学业扎实。南模中学无论是在数理化或是在国文、英语基础教学方面都相当扎实,这一点为人们所称道。

生活朴实。因学校属私立中学,学费较高,学生多来自富裕家庭,但学校提倡勤俭朴实,反对奢侈浪费,因此学校中没有显富、摆阔气之类的现象。

工作踏实。教师以身作则、认真踏实,言必信、行必果。学生做功课时,也必须踏实认真,不马虎不敷衍。

身体结实。南模中学在体育方面有着优良传统。20世纪四五十年代,南模中学的篮球队是上海有名的中学篮球队,曾多次获上海市中学篮球队冠军。为加强体育教育,学校后来在校风的前三个"实"的后面加了一个"身体结实"。

在校风的影响下,南模中学的多数学生养成了勤思好学、踏实简朴的作风,富有正义感、爱国心、进取心。

在南模中学,绝大部分学生喜爱理科,毕业后,大多数学生进入了理工科大学,后来有许多人取得了卓越成就,其中两院院士就有36人;还有许多校友定居在海外创业,现已知道的就有100余人,南模中学真可谓是名人贤士的摇篮。

南洋模范中学的旧红楼

这在全国的知名中学中恐怕很少有可以与之比肩的。

曹春晓对南模中学慕名已久。南模中学与上海交通大学有着悠久的历史渊源，历史上，南洋公学曾分为上院（后来的上海交通大学）、中院（后来的南模中学）和下院（后来的南洋公学附小），南模中学和上海交通大学原来曾是一个学校的两部分。为了实现科技强国的理想，曹春晓非常希望先上南模中学，然后再考进上海交通大学，但父亲对上海的纺织业情有独钟，竭力主张他报考上海纺织专科学校。于是曹春晓只好做出妥协，对父亲说："我同时报考两个学校，如果南模中学考不上，就去纺织专科学校。"最终曹春晓同时收到了两份录取通知书，后在母亲的支持下，他终于说服了父亲，如愿以偿地进入了南模中学。

在曹春晓念初中期间，父亲的生意在竞争中逐渐下滑，至解放前夕，只做些石碱、骨胶之类的小本生意，家庭经济每况愈下。父亲当时不同意曹春晓报考南模中学，也出于经济上的考虑。考南模中学，分数上应该没有问题，但考上了也交不起学费，上不起这"贵族子弟学校"。幸好解放后，学校有了一些变化，虽然学校仍为私立，学费仍较贵，但设立了一定的学费减免名额，以免把学习成绩优秀但家庭贫困的学子拒之门外。曹春晓最后如愿以偿地获得了学费减免资格。对于这一点，曹春晓特别感谢党，正是由于解放后的学校改革，才使曹春晓有了上南模中学的可能，他永远也忘不了党的恩情。

毛主席为南模中学壁报题字

1950年4月，南模中学高一的几位学生组织了"青锋文化社"，办了一个壁报，取名为"青锋"，含意为：一、青年先锋；二、锋利的宝剑。在讨论请谁题报名时，一位同学突发奇想，要请毛主席为他们的报头题字。他认为，毛主席那龙飞凤舞、洒脱浪漫的书法风格，一定会为他们的壁报大大增辉。起初，他们也有疑虑：人民共和国刚成立几个月，毛主席日理万机，多少国家大事要处理，哪顾得上为他们这样一个小小的中学生壁报题写报头呢？不过，思想解放、敢想敢干的同学们，还是抱着试一试的想法，给毛主席写了一封信。信发出后他们并没有抱多大希望，但没想到，7天后，学校收发室通知他们去取重要挂号信。两位编委急忙跑去，接过一看，信封下面印着中共中央办公厅几个红字。打开一看，毛主席在他们的原信上，亲笔批了：照写如另纸。在另一张纸上，毛主席以横、直不同的三种式样，题了《青锋》报名，让同学们选择。全校1000多师生欣喜若狂、激动不已，争相传看毛主席的亲笔复信和题字，许多同学激动得流下泪来。毛主席的亲笔题字，给全校师生以莫大的鼓舞，他们感到自豪，感到骄傲。他们深知，毛主席为他们题字，体现了毛主席对青年学生的关怀和期待。他们决心好好读书，长大后努力为人民服务，报答领袖的殷切希望和给予他们的光

毛主席为南模中学的壁报《青锋》题词

荣。随即，《文汇报》刊登了《珍贵的关怀和鼓励》的报道；《亦报》也在头版的显著位置，以《毛主席热爱青年　为南模壁报题字》为题报道了这则新闻。自此，毛主席那刚劲有力、具有特殊书法魅力的"青锋"两字，便长久出现在南模中学的壁报上，闪耀着不灭的光芒。

作文写得漂亮的曹春晓后来曾多次为《青锋》壁报投稿，交流学习经验，畅谈少年壮志，放飞未来梦想……

报名参加军事干校

1950 年，美国发动侵朝战争，把战火烧到鸭绿江边。全国上下掀起了轰轰烈烈的"抗美援朝，保家卫国"的运动。素有爱国主义光荣传统的南模中学，又一次沸腾起来，各班级的墙报、壁报、黑板报都刊出了抗美援朝专辑，有政论、时评、诗歌、小品、漫画。特别是各班级的板报，从校门口一直排到教学红楼，蔚为壮观，展现了学生们高涨的爱国热情。校园里到处是红红绿绿的标语。一到休息时间，广播站就广播抗美援朝歌曲和苏联二战期间的爱国歌曲。各班级互相挑战、应战，表达同仇敌忾的爱国热情，纷纷表态要求上前线，为抗击美帝国主义、保卫祖国贡献自己的青春。

曹春晓是抱着感恩于党的思想来南模中学求学的，因此，他积极要求进步，听党的话，相信只有共产党才能救中国，才能领导全国人民走向光明。"抗美援朝，保家卫国"的热潮激起了他的爱国热情。1951 年，党号召学生参加军事干校，曹春晓积极报名。当时，他也有一点思想斗争，他曾想，如果去参加军事干校，那么考上海交通大学和未来的科技强国梦就很有可能实现不了，但一想到唇亡齿寒，美帝国主义如果真的打到中国来，那一切梦想都将破灭。于是，他毫不犹豫地报了名。同学们给他戴上了大红花，几个男同学将他抬了起来，敲锣打鼓地在校内走了一圈，他感到了从未有过的光荣。但后来在报名的近 150 名同

曹春晓（前排左四）所在的南模中学1952级丁班欢送参加军事干校的同学

学中，只批准了 77 名，曹春晓没有被批准，为此，他心里别扭了好长一段时间。其后，他思想上更积极要求进步，1951 年 10 月加入了共青团。

竞选学生会执委

1951 年，学生会竞选执委，曹春晓被一些同学推举为候选人。班里的"粉丝"组成竞选团，贴标语、出海报，上写：学习成绩名列前茅，社会活动积极热情，乒乓球艺高超漂亮。反映了同学们对他的钦佩和拥护。

在"击败"了几个竞争对手之后，他被选为执委，分工后当上了学生会秘书长。在课余时间，他热忱地为大家服务，获得了同学们的好评。学生会工作对锻炼、提高曹春晓的组织能力起到了积极作用。

恩师赵宪初

高中期间,在学业、为人等方面对曹春晓影响较大的是赵宪初老师。赵老师1928年从上海交通大学毕业后进入南模中学当数学、英语老师,后被评为一级教师,曾任南模中学的教务主任、校长,至1984年任名誉校长后,才不再参与学校的实际领导工作。可以说,赵老师是一位倾毕生精力投身教育事业的教育家。1991年,上海教育局曾出版《赵宪初教育文集》。1997年教师节,上海徐汇区教育局为德高望重的赵老师组织了一次从教70周年的庆祝会,并出版了一本书,叫《一代名师——赵宪初》。

恩师赵宪初

赵老师敬业踏实、平易近人、和蔼可亲。曹春晓对赵老师甚为敬佩,赵老师对曹春晓这个勤学好问的学生也很有好感,视为得意门生。当时,社会上流行一种说法:学会数理化,走遍天下都不怕。对什么都喜欢"打破砂锅问到底"、提个"为什么"的曹春晓,不能完全理解其内涵,便去问赵老师。赵老师对他讲:"数理化是对前人从事生产工作的基本理论的总结,掌握好它,就掌握了进行各种工作的基本规律,就能在此基础上进一步掌握更高深更专业的知识,成为行业的专家。就拿数学来说吧,在课堂上学到的东西,在今后的工作中不一定都能直接用得上,但学好了数学,能提高我们的逻辑思维能力,而这正是有志之士能够享用一辈子的珍贵素质,能够走遍天下都不怕的重要法宝。"

赵老师的一席话,给了曹春晓莫大的启发。从此,曹春晓更加注重在学生时代培养多思多问的习惯和抽象、判断、推理、举一反三、触类旁通等思维能力,以在日后的工作中发挥作用。

赵老师不仅在学业上而且在思想上也让曹春晓受益匪浅。曹春晓在报名参加军事干校后，赵老师曾专门找他谈过一次话，鼓励他全面发展，实现学习、思想双丰收，并告诉曹春晓，他也鼓励女儿积极参干，使曹春晓十分感动。当赵老师得知曹春晓没被批准后，又来安慰他，鼓励他好好学习，将来为祖国的经济建设和科技发展作出贡献。他铭记恩师的教诲，在学习的道路上，继续昂首前进。

在南模中学虽然只有短暂的 3 年时间，但这正是一个少年在思想、性格上成长、成形的关键时期。曹春晓在此后的人生道路上能够取得卓越成就，与南模中学给予他的早期素质教育是分不开的。

第三章 大学时代

考入上海交通大学

曹春晓上南模中学的目的，就是为了能够步入他仰慕已久的高等学府——上海交通大学。

上海交通大学历史悠久，早在1896年，上海交通大学的前身——南洋公学就已经成立，1921年才改称交通大学。20世纪二三十年代，上海交通大学已成为国内著名的高等学府，被誉为"东方的MIT"（MIT为美国麻省理工学院的简称）。抗战时期，上海交通大学的广大师生历尽艰难，内迁重庆，坚持办学，其中有不少学生后来投笔从戎，浴血沙场。至解放前夕，上海交通大学的广大师生一直积极投身于民主革命，学校因此被誉为"民主堡垒"。

新中国成立初期，为配合国家经济建设的需要，学校调整出一批优势院系及学科，以支持国内兄弟院校的发展。20世纪50年代中期，学校响应国家建设大西北的号召，于1957年将交通大学分为上海、西安两个部分。1959年，两处独立建校，分别称为上海交通大学和西安交通大学，此举为构建新中国的高等教育体系，促进社会主义建设作出了重要贡献。

上海交通大学始终把人才培养作为办学的根本任务。100多年来，学校为国家和社会培养了20余万各类优秀人才，包括杰出的政治家、科学家、社会活动家、实业家、工程技术专家和医学专家，如江泽民、陆定一、丁关根、汪道涵、钱学森、吴文俊、张光斗、邹韬奋、黄炎培、邵力子、蔡锷、王安、陈敏章、陈竺等。在中国科学院院士和中国工程院院士中，有200余位上海交通大学的校友；

在国家23位"两弹一星"的功臣中,有6位上海交通大学的校友。上海交通大学毕业生创造了中国近现代发展史上的诸多"第一",如中国最早的内燃机、最早的电机、最早的中文打字机,等等。

1952年,正值我国开展大规模经济建设时期,国家特别需要理工科人才,曹春晓便报考了上海交通大学理工科。考后不久,报纸上公布了被录取的大学生名单。曹春晓全家人围在一起,瞪大了眼睛,争相查看。哥哥第一个发现了曹春晓的名字,高兴得大声叫了起来,一家人顿时沉浸在无比的欢乐之中。

到学校报到的那天,曹春晓刚踏进学校大门,就看到写着"热烈欢迎新同学"的标语,学校里锣鼓喧天,老师和同学们热情欢迎新学生,学校里一片欢乐友好的景象。

曹春晓被分在了机械制造系的金属压力加工专业。当时他懵了一下:"什么是金属压力加工专业呀?"旁边不知是谁说了一句:"打铁的呗!"他心里又"咯噔"了一下,怎么会是打铁的呢?好在服从组织分配的概念早已溶化在血液中,去了再说吧!后来一打听,才知道锻压这个专业,对于机械制造和材料制备是

戴着上海交通大学校徽的曹春晓(后排左)与兄(前排右)、妹、弟(后排右)合影

不可缺少的重要组成部分，里面的学问大着呢。于是，曹春晓便安心地在这个专业里努力学习、刻苦钻研。

加入中国共产党

大学一二年级时，机械制造系所有专业（金属压力加工、铸造、金相热处理、机械制造等）合成一个大班，一起上基础课。一个大班成立一个党支部，当时，调干生（就是从在职干部中保送来的）在党支部中占了一定比例，支部书记是铸造专业的调干生黄良余同学。

解放后，曹春晓目睹了共产党领导下的新中国欣欣向荣的喜人景象，与解放前的萧条腐败形成了鲜明的对比。所见所闻使曹春晓明白了一个道理：要强国富民，中国就必须由一个真正为国为民的政党来领导，这个政党就是中国共产党。同时，喜爱阅读的曹春晓如饥似渴地阅读了《钢铁是怎样炼成的》、《青年近卫军》、《把一切献给党》等闪耀着共产主义理想和拼搏精神的中外名著。

曹春晓在南模中学读书时就向党组织靠近，在当了学生会秘书长后，接受党团组织教育的机会就更多了。1951年10月，曹春晓入了团。有一次，党总支邀请他参加学生会主席黄莉入党问题的讨论会议，激励了他积极争取入党的决心。大学一年级时，曹春晓正式递交了入党志愿书，在志愿书中他这样写道："在党的教育下，我懂得了应该怎样对待和充实自己短短的一生，我要像保尔·柯察金、马特洛索夫、黄继光、吴运铎等英雄人物那样，把自己的一生贡献给党的事业——共产主义事业。是党指明了我新的人生道路。新的生命不是其他任何人而是党给我的，党是我的重生父母。我决心要加入党，把我这新的生命，把我的一切贡献给党……要锻炼自己成为一个高尚的纯洁的胸襟宽广的人，成为一个坚强不屈的无产阶级战士。在任何环境下，在任何时候，坚定不移地维护党的利益也就是劳动人民的利益。在必要的时候，不惜牺牲自己的一切甚至

1954年6月,曹春晓(后排左三)入党后与党支部同志合影(前排右二、右三为他的入党介绍人蒋璐、姚季华,后排右一为党支部书记黄良余)

生命。我爱我的生命,但在需要的时候,为了党的利益,我不会吝惜自己的生命,因为我爱的有意义的高尚的生命,而不是那种用牺牲党的利益换来的可耻的生命。我要无条件地执行党的决议,无限忠诚地努力完成党分配的工作,并且愉快地、自觉地去完成。"以上这些,确是他的肺腑之言。

党支部了解了曹春晓在南模中学的表现后,便将其作为重点发展对象加以培养。由机械制造专业的组织委员姚季华女同学和另一位党员蒋璐女同学具体负责,经常联系、帮助他进一步提高对党的认识,树立共产主义的人生观。

1954年6月,支部大会通过决议,吸收曹春晓加入中国共产党。在全校"七一"纪念大会上,曹春晓举起右手在党旗下庄严宣誓:"我志愿加入中国共产党……"此时,不到20岁的中共候补党员(现称预备党员)曹春晓,心潮澎湃、热血沸腾，决心不怕任何困难，不怕流血牺牲，要为党的事业——共产主义事业奋斗终身。

入党后，曹春晓处处严格要求自己，坚决拥护党的路线、方针和各项政策，积极参加党领导下开展的各项重大政治活动。例如，他在日常和父亲的交谈中，就认真宣传党下一步即将实行的关于公私合营的政策，鼓励父亲跟上社会主义改造的步伐。父亲在儿子的影响下，思想更为开明，表示积极拥护政府的政策。1956年初，全国以上海为中心掀起了公私合营的高潮。为此，各学校放假半天，

1954年9月，刚任团支部书记的曹春晓（后排左）与同班同学去苏州度假

让学生们走上南京路观看工商业进行社会主义改造的热烈场面，也算是对学生的一次社会主义教育。曹春晓也去了，只见南京路上，彩旗飘扬、锣鼓喧天，一片欢乐的景象。各店铺门前，都挂有"热烈庆祝××店公私合营"、"社会主义好"等标语。曹春晓置身其中，强烈地感受到了社会在变化、时代在前进。他想，父亲开设的位于福建中路福州路口的"通利公旅社"此刻一定也是如此的欢天喜地吧。星期天回到家后，他问起父亲，父亲高兴地告诉他，转入公私合营更好。曹春晓为父亲的开明感到欣慰。

大学三年级开始上专业课。曹春晓被选为金属压力专业21班的团支部书记。当时班上只有他一个党员。直到快毕业时，才发展了另一个名叫袁子怀的党员，曹春晓是他的入党介绍人。

曹春晓不仅学习上是尖子，还热心学校的公益活动，比如团支部工作，对团员、学生进行思想工作，出板报，进行政治宣传，等等。为此，上海交通大学还将他作为又红又专的典型，宣传过他的事迹。

曹春晓（左）是同班同学袁子怀（右）的入党介绍人

他所敬佩的周老师

在学了《金属压力加工原理》和《金属压力加工设备》等专业课后，同学们虽然觉得这些专业课的学问不少，而且《金属压力加工原理》这门课还很深奥，但他们普遍对金属压力加工专业的重要性认识不足。有的同学甚至认为金相热处理专业要比金属压力加工专业更有前途。作为团支书，要想做好同学们的思想工作，首先要提高自己的认识，为此，曹春晓便去请教他一直很敬佩的系主任周志宏老师。周主任耐心地跟他讲了一个多小时，让他懂得了金属压力加工不仅能让金属获得一定的形状尺寸，而且能显著影响金属的金相组织和各种性能。

周志宏老师是曹春晓在上海交通大学期间给他关心、鼓励，对他的成长很有影响的一位老师。周老师生于1897年，卒于1991年；1923年毕业于北洋大学，1926年获美国匹兹堡卡耐基理工学院冶金硕士学位，1928年获哈佛大学科学博士学位；1930年研制成功中国最早的大型铸、锻件，承担了钱塘江大桥桥

时任上海交通大学机械制造系主任的周志宏老师（左一）

梁桥座的铸造和加工任务；1949 年后，研制成功少含或不含镍、铬的滚珠轴承钢；1955 年，当选为第一批中国科学院学部委员（后改名为中国科学院院士）；1960 年，提出氧气顶吹转炉炼钢法，得到了广泛的实际应用；1978 年又提出顶、底双吹氧转炉炼钢法。周志宏老师的主要代表作有：《合金钢》、《坩埚炼钢》等。他对中国钢铁业的技术进步及发展作出了重要贡献。

毕业分配

在上海交通大学学习了 4 年后，眼看快毕业了。同学们都在考虑走上工作岗位，进入社会的问题。他们就像一群小鸟，羽翼渐丰，都在跃跃欲试，期望冲向广阔的天空，展翅翱翔。

曹春晓自幼就立下了科技强国的宏愿。"法国公园"门口的"华人与狗不得

1956年毕业时，曹春晓（后排右四）与党支部同志在
上海交通大学革命烈士纪念碑前合影

入内"的侮辱性标牌，日本飞机低空轰炸、扫射上海居民区的传闻，都早已刺透少年曹春晓的心。那不是因为中国贫穷衰弱，落后的武器顶不住人家的飞机大炮吗？他立志长大了要学科学技术，要制造先进武器，这样才能使祖国强大，才能与列强抗衡，才能抵御外侮。所以，将来的工作去向，他早已胸有成竹。他要到国防科研单位去，他要为国防科技的发展，为国防实力的强大而献身。

然而，事与愿违，一天，周志宏主任把曹春晓叫去，郑重地告诉他，系里研究决定，打算将他留下来从事教学工作。曹春晓经过一整天的思考后还是希望到国防科研单位去，于是他又找到周志宏主任，将他从小学、中学到大学的见闻、想法和志愿娓娓道来。"我要实现我的志愿，我要看到祖国国防的强大，我要看到外国人再也不敢欺负我们，我要为国防科技奉献终身！"曹春晓那颇带激情的陈述，以及他那酷爱科研工作和笃信科技强国的赤诚打动了系主任。系主任赞赏这样一位有志气有决心的倔强学生，便同意了他的要求，将他分配到北京一个新成立的国防科研单位——北京航空材料研究所（即现今的中航工业北京航空材料研究院）。

第四章　爱情向他走来

昙花一现的邂逅

大学三年级上学期初，有一天，曹春晓在路边看黑板报，这时旁边走过来一位清秀端庄、颇有几分气质的女同学，问他："你是曹春晓吗？"

曹春晓一愣："你怎么知道的？"

"我听别人说的。"姑娘微笑着大方地看着他说。

"噢。"曹春晓随便应了一声。

"今晚有空吗，咱们一起到图书馆看书去？"姑娘温情地看着他，向他发出邀请。

"哟，今晚我们团支部有活动，去不了了。"曹春晓直来直去地说。

"我叫×××，是××系××班的，才二年级。你有时间就找我吧。"姑娘满怀期望地对他说。

"嗯，嗯。"曹春晓礼貌地点了点头。

姑娘走了，曹春晓仍在看黑板报。

一段时间后，曹春晓便淡忘了此事，他压根儿就没记住那个女孩的名字和她在哪个班，更没有想到要去找她。

直到有一天，同系的一位女同学找到他，向他表白想和他交朋友时，他才猛然意识到以前那位清丽可人的低年级女同学是不是在向他传递爱情密码啊？自己当时怎么就那么迟钝，那么木然？也许当时因为学习和社会工作太忙而无暇考虑谈情说爱，也许是心中有了让自己更心动的同班女同学，也许……但不管怎样，曹春晓为当时那样冷漠地对待那位热情好心的姑娘，有一点内疚。一个素不相识的人特意打听到你的名字，肯定是对你有好感、有兴趣，可是，年轻的曹春晓却那么无动于衷。他想，如果哪天能遇到她的话，应当对她表示礼貌性的谢意。然而，那位女同学如昙花一现，以后再也没见到她的踪影，这让曹春晓联想起普希金在《给凯恩》中的那段诗：

> 我记得那美妙的一瞬：
> 在我的眼前出现了你，
> 有如昙花一现的幻影，
> 有如纯洁之美的精灵。

他想，把这首诗献给那位姑娘，也许能表达心中关于那次邂逅的歉意，并祝福她早日找到理想中的白马王子。

莫名其妙的决斗

同系的女同学向曹春晓表白时，曹春晓一点思想准备也没有。在这之前，他压根儿就没把谈情说爱列入议事日程。他在学习上从小就争强好胜，不甘人后。现在入了党，当上了团支部书记，在紧张的学习之余，还得抽出大量时间进行社会工作：开会、跟同学谈心、汇报、组织各项活动，整天忙的不可开交，只感到时间不够用，哪有功夫涉足情场？于是他婉言谢绝了那位女同学的美意。

然而，另一个爱情故事又接踵而来。三年级下学期的一天，同班一位男同学问曹春晓："你是不是在和张玭联谈恋爱？"张玭联是曹春晓的同班同学。曹春晓感到莫名其妙，顺口答道："没有啊！"那位同学没有再说什么，转身就走了。过了一段时间，那位男同学又来找曹春晓，对他说："你和张玭联在谈恋爱。请你说实话，是不是？"曹春晓还是否定了。又过了一段时间，有一天，曹春晓上完晚自习，走在回宿舍的路上，灯光若明若暗，突然从路边的角落里窜出一个黑影将曹春晓拦住。曹春晓吓了一跳，仔细一看，还是那位男同学，男同学对他说："我想跟张珝联谈恋爱，但是她不愿意，原因就在你身上。你必须明确向大家说明不想跟张珝联谈恋爱，否则我跟你决斗。"

好家伙，要决斗，人命关天，这可是件非同小可的事。

那位男同学喜欢文学，爱读中外名著，颇有几分浪漫情怀。他怎么会想出"决斗"呢？这大概是受普希金和丹特士决斗故事的影响。

19世纪俄罗斯最伟大的诗人普希金，娶了一位美丽绝伦、犹如天仙的姑娘娜塔丽娅。在宫廷舞会中，在各种上流社交场合，普希金都为拥有这样一位靓丽的娇妻而自豪。可是，过于漂亮也会带来麻烦。众多的追逐者围在娜塔丽娅的身旁，其中一位便是和她同岁的法国浪荡公子、英俊小生丹特士。此人活泼、幽默、快乐、机智，深得娜塔丽娅的赏识，经常和他打情骂俏，甚至私下约会。与此同时，娜塔丽娅对丈夫日渐疏远。此事被普希金知道后，为了维护自己的尊严和妻子的名誉，他提出和丹特士决斗。1837年1月29日，年仅37岁的普希金在决斗中死在了情敌的枪口之下，"俄罗斯诗歌的太阳"就这样陨落了。

可是，曹春晓和张珝联只是一般的同学关系，而那位男同学对张珝联也只是一厢情愿，有什么理由提出来要决斗呢？荒唐可笑！尽管如此，曹春晓还是觉得此事需要认真对待，否则一旦闹出什么事来，后果不堪设想。于是他冷静下来，仔细思考为什么会出现目前这种尴尬的局面。

当时，曹春晓他们班30人，女生只4人。他和张珝联因为工作关系，平时接触较多。张珝联学习成绩好、漂亮端庄、温存和善，热心公益活动，且写得一手好字，常为黑板报抄抄写写。另外，张珝联说得一口字正腔圆的普通话，是学校广播站的业余广播员，一双水汪汪的眼睛总能给人留下深刻的印象。曹春晓其实对她心动已久，只是因学习工作繁忙，一直没有表白。而张珝联呢，对曹春晓也是喜欢在心，却又羞于表达。同班那位男同学给她递过好几次条子，她不搭不理，可人家还是穷追不舍。后来，她干脆将那些字条交给了曹春晓，一是向曹春晓求助：怎样避开这个她并不喜欢的追求者；

二是传递这样一个信息：我信任你，喜欢你！

曹春晓想，要解决好这个问题，第一步要弄清楚张珸联到底是怎么想的。于是曹春晓就给张珸联递了一个字条，约她到附近的衡山公园聊聊，张珸联欣然应允。

一个星期天的上午，公园里清风送爽、树枝摇曳、鲜花烂漫。一群小鸟在树上快乐地唧唧喳喳，嬉戏追逐。曹春晓和张珸联找到一个僻静处，在一张长椅上坐了下来。

曹春晓望着天上飞来飞去的小鸟，感慨地说："要是能像小鸟一样，自由自在，无忧无虑，该多好啊！"

张珸联听出了他的弦外之音，问道："这么说，你是有什么忧虑、烦恼了？"

"是啊！最近遇到了一件闹心的事。有人居然提出要和我决斗！"

张珸联大惊："什么，决斗！为什么决斗？"

"为了你呗！"

"为了我？"

"是啊,就是因为你。"曹春晓于是把事情的来龙去脉解释了一番，然后问道："现在，我最想知道的是，你对我是什么态度？"

"这你还不知道吗？真是书呆子一个，非得要人家点破，你才明白？"张珸联带着点羞涩故意生气地说。

曹春晓喜出望外："你是说，我们可以，可以——"

"嗯。"张珸联含情脉脉地点了点头。

曹春晓欣喜若狂，但他很快便冷静了下来，毕竟决斗的事情还没有解决，他俩就商议好去找校长说说这事。

后来校长出面与那位男同学谈了话，解决了此次风波，之后，曹春晓开始享受到了爱情的滋味。

爱情不期而至

自从公园里极富成果的"会谈"后,曹春晓一直处在亢奋的状态之中。在他的生活里,又多了一道绚丽的色彩。

曹春晓陶醉在五彩缤纷的爱情梦幻之中。此后,他们在紧张的学习之余,偶尔抽空一起在操场上散步,或到公园游玩。由于学习紧张,他们的主要精力都放在学业上,因此不可能有太频繁的接触。

在有限的几次交谈中,曹春晓进一步了解到张珪联的家庭和她本人的情况。她的父亲张仲韩,解放前在上海四明银行当职员,为人忠厚老实、谨小慎微、特别本分,经他手的账目,从未出现过差错。解放后,张仲韩想干他学过的动力机械专业,于是进入上海一机部第二设计院,成为了一名工程师。

张珪联的母亲虞银月则是一个典型的家庭妇女,为人善良。

张珪联 1934 年 8 月出生在上海,和曹春晓同岁,出生后一直与爷爷、伯伯住在陕西南路。解放前夕,爷爷搬回祖籍浙江宁波,张珪联在上海读完小学后也跟着爷爷去了宁波,在那里读完中学,后以优异的成绩考入了上海交通大学。

曹春晓坠入了幸福的爱河,颇有文采的他时常情思泉涌,心血来潮时就写一些情诗送给张珪联,表白对她的一片痴心。

有一天,他约张珪联到衡山公园去,说是要送她礼物。到了公园,他们找到第一次成功"会谈"的那张椅子,坐了下来。曹春晓说:"这张椅子对我们俩来说具有永远的纪念意义,因为它是我们的爱情诞生地。"

"是啊,我会永远记住这个地方的。"张珪联感慨地说。

曹春晓从书包里拿出两件礼物——一支派克笔和一个小本子,送到张珪联手中。

张珪联一看,顿时心花怒放:"这个本子是你自己制作的?好漂亮啊!"张珪联似问又似在自言自语地说。

张珥联爱不释手地一会摆弄钢笔,一会翻看曹春晓亲手为她制作的小本子。本子是用图画纸裁剪后打眼,用红绸缎装订而成的。封面上画着一颗红心,表明曹春晓将自己的心永远献给了她。红绸缎编成的蝴蝶结,象征着他们的爱情将似梁山伯与祝英台那样坚贞。

本子的扉页有一副对联:

月宫外凡夫传情吹春箫(与晓字谐音)
玉兔旁嫦娥含笑掀琲帘(与联字谐音)

这副对联写得很精彩,对仗工整,表达了曹春晓对恋人的深爱,非常浪漫。自谦为凡夫的春晓向琲联吹箫传情;而如天仙嫦娥般的琲联,则含笑掀开珍珠串成的门帘("琲"字意为成串之珠),倾听月宫外传来的箫声,箫声传情,互为知音,心心相印,给人以美丽的神话般的想象。对联中巧妙地利用谐音,把两个人的名字也对上了,堪称是对联中的上乘之作,足见学理工的曹春晓在文学方面也有着深厚的功底。

本子里面,写着这段时间来曹春晓写给张琲联的多首情诗。

为准备这两件礼物,曹春晓煞费苦心。他将父母给他的生活费节省下来,跑到南京路的上海第一百货商店,精心挑选了一支派克笔——当时学生们都想拥有的名牌钢笔,然后又买来图画纸和红绸缎,打眼、装订。在封面画上红心,在本子里写上对联和情诗,花了许多功夫。为了心爱的人,少睡些觉,曹春晓也乐意。今天,把这亲手制作的具有特别意义的礼物——也算是定情信物吧,送到了恋人手中,曹春晓心里别提多高兴了。

张琲联手中拿着这两件礼物,觉得比黄金、珍珠还要宝贵,因为这是代表曹春晓水晶般的心哪!她无限温情地对曹春晓说:"谢谢你!"

曹春晓的礼物使他俩的心更加交融、更加亲近了。

上东北实习

1955年5月,学校组织学生去沈阳风洞工具厂实习模具设计。曹春晓第一次到工厂、车间,感到很新鲜。他虚心地向工人师傅学习,用自己学到的专业知识顺利地完成了规定的实习任务。在回上海的途中,学校允许同学们在北京转车时玩一两天。曹春晓便陪伴张琲联去拜访了张琲联的堂姐和堂姐夫。曹春晓第一次来到北京,对北京留下了深刻的印象,和上海那种高楼大厦、十里洋场的繁华不同,北京显得古朴、沉稳、安静、典雅,文化底蕴深厚。琉璃瓦、牌楼、华表、四合院、皇家园林,显露出中国特有的古典美。"不愧为具有近千年建都史的历史文化名城!"曹春晓心中暗自赞叹。

1955年7月,"金压"21班的同学在庄礼庭老师的带领下,又到哈尔滨附近的阿城仪表厂实习冲压。

大学期间的这两次实习,使曹春晓获益匪浅。书本上学到的理论知识与生产实践相结合,活化了书本知识,使其成为解决实际生产问题的钥匙,提高了曹春晓用理论知识解决实际问题的能力。同时,曹春晓为能与心爱的人一路同行、互相照顾而倍感幸福和甜蜜。

受到准岳父岳母的赞赏

在恋爱关系确定下来之后,曹春晓和张琲联都把自己的终身大事和各自的父母说了。双方父母听后,均喜在心头,急切地要见见他们未来的女婿或儿媳妇。于是,他俩商议在最后一个学期的某个星期天,互访双方父母。

这天,曹春晓的父母为他准备了送给未来岳父岳母的礼物——两盒包装精美的点心。曹春晓如约来到张琲联家。

"伯父，伯母。"曹春晓见到两位长者，微笑着问候。

"快坐下，快坐下。"张琲联的母亲乐呵呵地招呼着这位未来的女婿。

张琲联的父亲一面打量着眼前这位英俊小生，一面赞赏地说道："我看过你给琲联制作的小本子，有才啊！里面那些诗，尤其是那副对联写得很好！我看，你要是去学文，也会大有出息的。"

"伯父过奖了。"曹春晓面对准岳父的夸赞有几分不好意思。

"还有你送给她的那支派克笔，多漂亮啊！我家琲联还从来没用过这么高级的钢笔。"准岳母也高兴得合不拢嘴。

中午，张母做了几道拿手好菜招待这位未来的女婿。席间，曹春晓畅说着校园中的逸闻趣事，父母亲和兄弟、妹妹的情况以及毕业后的志愿，等等。张琲联的父母了解了这些之后，对这位未来的女婿更喜欢了。

临走时，张母语重心长地对曹春晓说："琲联是我们家的独生女，从小就是我们的掌上明珠，是我们的唯一依托。我们将她的终身交给了你，我们放心。你可要一辈子好好地待她呀！"

"伯母、伯父请放心。我一定会永远爱护她、照顾好她的。"曹春晓诚挚的眼神给了张母、张父莫大的安慰。

下午，曹春晓带着张琲联来到了自己家。曹父曹母及兄弟妹妹将这位特殊客人热情地迎进客厅。全家人的目光都聚焦在张琲联身上。张琲联穿着得体，落落大方。墨绿底暗红色小碎花的上衣衬托着她清秀端庄的面庞，一双水汪汪的眼睛透出热情、和善。张琲联先送上带来的礼物："这是我爸爸出差东北带回来的特产——东北木耳。"曹父曹母连声说"谢谢"后，关切地询问了她在学校中的生活情况。张琲联聊了学校的情况，又聊起她家的祖籍，以及她在宁波上中学时，怎样躲避国民党飞机的轰炸……曹春晓的兄弟妹妹们也在旁边饶有兴趣地听着，还不时插话，问这问那，对他们家这位未来的新成员一下子就有了好感。

转眼到了1956年，快毕业了。那时，应届毕业生可以报考赴苏留学生，但政审很严格，曹春晓和张琲联都报考了。但曹春晓因父亲的一个历史问题一时查不清，于 1956 年 8 月底，先期来到他向往的北京航空材料研究所。由于考试结果还未出来，张珥联便在上海继续等候。后来，张珥联的留苏愿望未能实现，曹春晓便及时和北京航空材料研究所及上海交通大学的领导沟通，要求将张珥联分配来北京，两边领导都同意了。于是张珥联很快来到了曹春晓的身边。

第五章　走上工作岗位

奔赴北京

1956年8月下旬，曹春晓要到北京报到了，临行的那一天，张琲联早早地来到曹春晓家帮他收拾行李。母亲为他做了一桌丰盛的菜肴，大家一起为他饯行。曹春晓在张琲联的陪同下，告别了父母、兄弟和妹妹，扛着行李来到上海火车站。张琲联紧紧握着他的手，嘱咐说："一个人在外，要多加注意，不要只顾拼命工作，一定要保持健康。"曹春晓说："你放心吧，我会注意的，你要是考上了留苏

曹春晓赴北京航空材料研究所报到前与张琲联合影

生，就安心地去吧，不管多少年，我都会等着你的。"火车徐徐启动，曹春晓从车窗里伸出头来挥手向她告别，张珮联目送着他，眼中不禁闪出依依不舍的泪花，直到火车在视线中消失。

曹春晓揣着梦想，兴致勃勃地奔赴北京，来到北京航空材料研究所报到。

北京航空材料研究所是专门从事航空材料研究的机构。1949年11月11日，中华人民共和国成立一个多月后，中国人民解放军空军正式成立。不久，朝鲜战争爆发，我志愿军和空军部队入朝参战。翌年5月，中共中央颁发了《关于航空工业建设问题的指示》，要求原有工厂恢复修理工作，并提出试制计划，改造工厂，以充实设备，同时还提出了"组织建设航空工业研究院"的任务。1951年4月26日，国家正式成立航空工业管理局。周恩来总理在此间的一次会

北京航空材料研究所成立当天，曹春晓（前排右二）与青年同事在颐和园游玩

议上说："目前，我们甚至连绣花针和自行车都不能生产，但却必须先要学会制造飞机。"根据当时我国的实际情况，周总理提出了"先维修、后制造"的正确方针。

1953年，第一个5年计划开始执行。航空工业的主要任务开始由维修转向制造，但在转型过程中，由于没有自己的设计及研究机构，没有自己的材料标准，在飞机研制过程中，不敢用国产材料，以至连极普通的材料如布带、油漆、棉布等都要向苏联订购。有一次，在订货谈判时，苏方人员看了货单后说："苏联的阿立夫油就是从你们中国进口的桐油。你们还要向我们来订货吗？"从这样的尴尬中可以看出：一个国家如果没有自己的航空科研机构，航空工业的命运就不能牢牢地掌握在自己的手中。

1956年2月，中央政治局会议通过了《中共中央关于知识分子的指示》决议。根据会议精神，在周恩来总理和国家科学规划委员会负责人陈毅、李富春、聂荣臻的组织领导下，数百名科学家联合起来编制了《1956~1967年国家科学技术发展规划》。颜鸣皋教授（后为北京航空材料研究所钛合金实验室主任）也参与其中。12年的科学技术发展规划中，确定了572项重点科技任务，其中有72个重中之重的攻关项目，钛合金研究就是这72项之一，这无疑为钛合金的迅速发展开辟了一条康庄大道。1956年4月7日，中苏两国政府签订了关于苏联援助的补充协议书，将航空材料研究所列为苏联援建的156个项目之一。

北京航空材料研究所及其钛合金实验室，正是在这样的历史背景下成立的。1956年5月26日在东皇城根的北京工业学院（旧址）礼堂召开了研究所成立大会。1956~1957年，先后有两批共13名苏联专家来到北京航空材料研究所。

当时，生活条件极为艰苦，刚分来的大学生都住在非常简陋的原来是作粮仓用的一间大屋子里，苍蝇蚊子常常"轰炸"得他们睡不好觉。但曹春晓并未把这些困难当回事，相反，他为初步实现了自己的国防科研梦而高兴，为能够成为一个重要的国防科学研究所的建所先驱而自豪。

参加筹建钛合金实验室

1956年10月，冲破美国阻挠回到祖国的颜鸣皋教授从北京工业学院借调至北京航空材料研究所，负责筹建钛合金实验室。魏祖冶所长让曹春晓当他的助手，参加钛合金实验室的筹建。在既无设备又无钛合金专业人才的情况下，颜鸣皋决定将这些刚走出校门的年轻人分成两组：一是设备组，负责调研、采购或自制所需的设备，由傅作义当组长；二是科技资料组，负责钛合金技术资料的查阅、收集，由曹春晓当组长。几个年轻人在曹春晓的带领下，广泛地收集国内外的技术资料，做成了一大叠资料卡片，以便大家查阅学习。

从此，曹春晓走进了一个新的世界，一个朦胧而神秘的世界。钛合金——这种国际上20世纪50年代才开始走向工业化生产的新材料，以其比强度（强度与密度之比）高、热强性好、耐蚀性强而受到航空专家的青睐。也许正因为质坚体轻，钛合金的"性格"也更为倔犟、古怪，要摸透它的脾气并驯服它，其难度决不在驯狮驯虎之下。年轻的曹春晓并不只是具有向困难挑战的冲劲，他同时也知道这是一条长征之路，不仅需要勇气，更需要知识、智慧和毅力，需要打好基础，积蓄力量，努力实践，循序渐进。于是他继续刻苦学习，沉入到书海之中，充分吸取知识营养，以便为今后的科研工作插上强健的翅膀。他庆幸自己能够成为刚刚筹建的钛合金实验室的成员，成为颜鸣皋教授的学生和助手，他下定决心在这块处女地上开辟出一片科研园地，并准备倾注毕生的心血使这片园地开出艳丽的花朵，结出丰硕的果实。

当时，颜鸣皋教授还不是党员，在北京航空材料研究所党组织的教育和自身的努力下，颜鸣皋很快提高了对党的认识，并在实际行动上处处按党员标准严格要求自己。研究所党委指派魏祖冶所长和曹春晓做颜鸣皋的入党介绍人。曹春晓起初觉得颜鸣皋是自己的领导、老师和长辈，而自己是刚出校门的大学生，当他的介绍人不太合适，但继而又想，在党内他们就是同志关系，不分职务高低，况且，介绍人也不能都是研究所领导，总得有一个基层的对他比较熟悉了解的人。因此，他就愉快地接受了组织的安排。此后，曹春晓负起介绍人的责任，和颜教授谈话、联系。1957年10月，颜鸣皋光荣地加入了中国共产党。

由于东皇城根旧址太小，没有发展余地，经部里协调，决定把第四研究所让出来给北京航空材料研究所。1957年元月，北京航空材料研究所正式迁至海淀区温泉乡的冷泉村第四研究所旧址。

冷泉村位于颐和园西北十余千米处。第四研究所有几栋科研楼和一些生产厂房，生活区也有9栋楼房和20余套平房。地方大了，房子多了，科研和生活条件都大为改善。但这里毕竟是农村，除一片庄稼地外，到处是乱坟岗和荆棘丛生、杂草遍地的荒丘坡地，夜深人静时，还能听到附近山上的狼嚎。当时交通极为落后，从研究所里到颐和园13千米的路程没有公交车，只有私营的又破又旧的小车，仅能坐15个人，坐满15人才开，一般需要等半小时左右。

不过，曹春晓认为，这些都只是暂时的困难，随着国家经济建设的蓬勃发展，条件肯定会越来越好的。况且，这里自然环境优越，远离城市的喧嚣，是适于科研和生活的好地方。这里有广阔湛蓝的天空，有清新溢香的空气，清碧的河流波光闪闪、涟漪绵绵，岸边的垂柳映入水中，那晃动迷离的倒影，勾起人们无限的遐想。举目四顾，青翠多姿的燕山山脉环绕研究所，使人心旷神怡。特别是春日桃花、秋日枫叶，层林尽染、分外妖娆。每当曙光初照，晨练的人们便三五成群、络绎不绝地爬上郁郁葱葱的峰峦。登高远眺，一片开阔的田原映入眼底，晨雾像柔曼的轻纱迷漫飘荡。一条绿色长龙蜿蜒向东而去，那是河流两岸的护河林。

曹春晓深深地爱上了这山青水碧的秀丽风景，他决定要在这片美丽的土地上把自己的青春乃至生命贡献给祖国的航空事业。

1957年元月，钛合金实验室正式成立，这是我国第一个航空钛合金实验室，由颜鸣皋教授任实验室主任。

钛合金实验室成立一周年之际，魏祖冶所长、荣科副所长与实验室全体人员曾在实验室门口合影留念，照片中有颜鸣皋、傅作义、曹春晓、王金友、薛志庠、

时任北京航空材料研究所所长魏祖冶（后排左三）、副所长荣科（中排左二）与颜鸣皋（后排左二）、曹春晓（中排右一）等实验室成员合影

熊应春、李春彦、陈野萍、李希立、耿兆琪、谢瀛珠……

实验室和办公室虽然都在一个很简陋的旧房子里，但大家毫不嫌弃，而是团结一致、齐心协力地继续做着筹建实验室的工作。

为了让实验室全体成员学习、掌握好钛合金的基本知识，颜鸣皋教授作了《钛及钛合金》的系列讲座，共分 6 次，包括：引言介绍，钛的提炼——海绵钛，钛合金熔炼，钛合金工艺性能与加工，钛合金的物理、化学、机械性能，钛合金的金相检验与热处理。每一次讲座，曹春晓都去听，并做了详细的记录。

有一次，颜教授讲到："1895 年，H.Moisson 在电弧炉内用碳还原 TiO_2（矿石原生态）获得了纯度为 98% 的钛，但在那时，人们认为钛是不可加工的很脆的金属。1910 年，M.Houter 用钠还原法制得了纯度为 99.5% 的钛，可在高温下加工，但在常温下还是很脆的，不能加工。1925 年，A.E.Van Arkeld 用碘化钛分解法获得纯度达 99.9% 的钛，在室温下也可加工，但产量很小，无法工业化。1940 年，W.Kroll 用镁还原 $TiCl_4$ 获得了海绵钛，才使钛可用于工业生产……"

听到这些时，曹春晓心里一阵激动：原来钛是这么"年轻"的一种金属啊！铜、铁都有几千年的历史了，而钛才有几十年的历史，这肯定是一种刚刚兴起、正在探索而又前途无量的金属家族的新成员，从事这种金属的研究一定大有可为！曹春晓从此对自己所从事的专业更加热爱了。

在以后的学习中，曹春晓如饥似渴地吸吮、消化着知识乳汁，还开动脑筋，认真钻研，提出各种各样的问题。比如说，为什么钛合金中大多要添加铝呢？颜教授喜欢这个求知欲强烈的小青年，耐心地回答说："铝的添加不仅能通过固溶强化而显著提高钛合金的室温强度和高温强度，而且还可使钛合金变得更轻、更廉价。铝的添加还可显著提高钛合金的弹性模量，从而改善刚性。"

颜教授的每一次答疑都使曹春晓感到无比满足和高兴，他从心底感谢这位把自己领进钛合金大门的启蒙老师。曹春晓认为，颜教授给予他的真知灼见，比任何物质礼物都要珍贵，他会永远铭记在心。

改诗言志

1957年，曹春晓为激励自己进一步勤奋学习、汲取知识营养，为今后的科研打好基础,曾以唐代诗人孟浩然的一首名诗《春晓》为原型，改其意作了一首"曹氏"《春晓》：

> 春学勤于晓，
> 人起未惊鸟。
> 夜来朗朗声，
> 书读知多少。

曹春晓认为，孟浩然的诗《春晓》是一首家喻户晓的好诗，也是他最喜爱的一首唐诗。这不仅是由于诗名与他的名字相合，更因为这首诗的绝佳意境和韵味，吟诵时朗朗上口。但曹春晓同时认为，不同的人或是同一个人在不同的心情下，触及同一事物，很可能会抒发出不同的情感，表达出不同的想法。曹春晓当时对未来充满憧憬，正踌躇满志地抓紧时间学习和工作，他敏感地感觉到孟浩然的诗不能反映他当时的情愫。春天的早晨，多么宝贵的时光，到处都可听到鸟啼声了，怎么还能睡懒觉，"不觉晓"呢？于是，曹春晓仿其原型，利用原韵，把诗的意思改了：抓紧利用春天早晨的大好时光，努力学习。用这首"改版"的唐诗，述景言志，足见曹春晓当时的刻苦精神。从另一个侧面来看，曹春晓胆敢"改版"名诗，也说明了他不迷信权威，不墨守成规，敢于大胆创新的可贵精神。

曹春晓作了这首"曹氏"《春晓》后，意犹未尽，又接连写了歌颂工、农、兵的三首新仿《春晓》。

其一：

> 春到更觉晓，
> 鸣笛胜啼鸟。
> 工地隆隆声，
> 汗流知多少。

其二：

> 春耕贵在晓，
> 田间闻啼鸟。
> 风传劳动声，
> 锄落知多少。

其三：

> 春防倍慎晓，
> 英姿伴啼鸟。
> 夜来弹雨声，
> 歼敌知多少。

后三首，一来是歌颂工农兵，二来也是激励自己勤奋工作。曹春晓觉得，只有一生勤奋学习、努力工作，才能为祖国、为人民做出最大的贡献。

喜结良缘

张琲联的留苏愿望未能实现后，经曹春晓多方联系，最后分配到北京，和曹春晓在一个单位工作。张琲联的父母只有这么一个独生女，很希望她能留在上海，一家人也好互相照顾。张琲联从小就在父母的宠爱下长大，对父母有着深厚的感情，可为了事业和爱情，她最终选择了离开上海、离开亲爱的爸爸妈妈。

张琲联报到后被分到锻压实验室。在紧张的学习工作之余，曹春晓和张琲联不时利用星期天，游故宫赏宝，登景山俯瞰，在北海泛舟，到天坛回音壁传话，了解北京厚重的历史文化，体验精彩的世界和美好的人生。

北京航空材料研究所搬到温泉乡的冷泉村后，距颐和园、香山较近。从附近山上翻过去不到一小时就可爬到樱桃沟、卧佛寺，既可松弛绷紧的神经，又能锻炼身体。利用假日出游的机会，曹春晓、张琲联畅谈学习、工作的体会，互相帮助解决各种思想疑虑，进一步增进了彼此的情感，他们的心连得更紧了。

曹春晓是个感情丰富的人，一旦爱的火花碰撞，爱情之火便熊熊燃烧，他热烈地爱着张琲联。曹春晓认为，爱情能使人的生活增光添彩，纯洁美好的爱情是人类的一种崇高、幸福的精神生活。但曹春晓同时又是个非常理智、善于自控的人，他不是那种爱情至上主义者，他懂得怎样把爱情摆在恰当的位置。早在大学三年级他们刚刚建立恋爱关系时，他就和张琲联达成共识：爱情应当成为鼓舞人的一种精神力量，而不能让其影响学习。因此，他们没有太频繁的接触，把主要精力仍然放在学习上。参加工作后，他们仍如以往，抓紧一切业余时间努力学习，用知识武装自己的头脑。他们不仅是情侣，更是同志、战友。

随着爱情的不断发展、成熟，一些同事经常开玩笑问他俩："什么时候请我们吃喜糖啊？"曹春晓也觉得应该把结婚、把建立家庭提到议事日程上来了。好在那时结婚人们都很简约，两个人的行李往一起一放，齐了，就这么简单！

曹春晓和张珸联商定后便一起去领了结婚证。婚礼由研究所负责在食堂举办，与他们同时结婚的还有一对：于家琪和陈灿章。两对新人一起举行婚礼，婚礼由研究所的金属科科长刘多朴主持。

刘科长在讲话中，代表研究所领导祝贺两对新人爱情美满、婚姻幸福，并希望更多的青年在这里结婚、安家、生儿育女、培养接班人，希望青年们把航空材料研究这块阵地作为创业和实现自己人生价值的最好的舞台。

1958年2月7日，曹春晓与张珸联喜结连理

在新郎新娘为大家表演节目的时候，曹春晓勇打头炮。

"好，我来唱个'敖包相会'。"

"我等待着美丽的姑娘哟，你为什么还不到来，哟嗬……"在曹春晓先期来到北京航空材料研究所而张珸联还没有来的一个多月里，他日夜思念着心爱的姑娘，闲暇之余，他常常哼起这首家喻户晓的电影插曲。

婚礼结束后，实验室里的几位热心人陪伴着新郎新娘回到新房。新房是研究所分的一间房，两家合住一个单元，每家卧室面积为12平方米左右，厕所共用，封闭式阳台权当厨房。新房的门框上早已贴上了好友们制作的大红喜联。

上联：志同道合成连理
下联：情深意厚结良缘
横批：永结同心

新房正面的墙上贴着一个大红"喜"字。床上铺着双方父母送给他们的新被、新褥子、新床单。在喜庆的气氛中，朋友们和新郎新娘打趣逗乐，欢声笑语不断，热闹异常。

魏所长没有来得及参加婚礼，他当时有个重要的会议要参加，等他开完会急匆匆赶到食堂时，婚礼已举行完毕，于是他就径直往两家的新房奔去。魏所长还没上楼就听见人们热闹的欢笑声。有人发现所长来了，就喊了起来："魏所长来了！"屋里顿时静了下来。

新郎新娘赶快走上前去问候魏所长："您那么忙，还来看我们，非常感谢！"

魏所长和新郎新娘握手后，亲切地说："本来是要参加你们婚礼的，临时要开个会就没来成，抱歉！"

接着魏所长发表一段热情洋溢的讲话。

"今天是你们大喜的日子，是人生旅程中的一个新的开端。人生有两件大事：一是立业；二是成家。现在，这两件大事你们都打好了基础。今后就是如何把这两件事做得更好。希望你们在事业上，立大志，敢闯敢干，为祖国的航空事业做出自己最大的贡献；在夫妻关系上，要学习周总理和邓颖超的8个互：互敬、互信、互助、互爱、互让、互勉、互谅、互慰。在共同的生活中使爱情磨合得更加默契，更加牢固。在工作和生活中互相支持、互相帮助，使两人之间的相爱成为激励对方、鼓舞对方为革命事业而奋斗的一种可贵的精神力量。祝你们新婚快乐！"

魏所长殷切的祝愿和关心，赢得了大家的一片掌声。

"时间不早了，让新郎新娘早点歇息吧！"不知谁说了一句，魏所长和朋友们便一一告辞。

客人们都走了，屋里只剩下一对新人，张琲联含情脉脉地望着曹春晓，曹春晓觉得张琲联今天显得格外漂亮。3年来，他们从学校跨入社会，实现了进入国防科研单位的愿望。在学习和工作的打拼中，他们互相鼓励、互相帮助，牵手越过了沟沟坎坎。今天，他们终于满怀欣喜地步入婚姻殿堂，结成了休戚与共的命运共同体。他们将与心爱的人儿构筑爱巢，共度美妙人生，此时，他们的心中充满着甜蜜梦想，他们要在未来的生活中比翼双飞，飞向幸福，飞向辉煌。

结婚后，考虑到工作、学习很忙，况且，夫妻俩都经常出差，于是决定暂不开灶，仍在食堂用餐，把买菜、做饭的时间用来好好"充电"。1959年春节，食堂把每个人的定量面粉退还本人，以便让大家自己包饺子过年。但他们连炉子、锅、盆等基本炊具都没有，只好又把面粉退给食堂。刘多朴科长知道后哈哈大笑，开玩笑地说："你俩真笨，连饺子都不会包啊。"直到1965年，张琲联的父亲去世，张琲联把母亲接来北京，他们才在家里开灶，岳母做得一手好菜，此后，曹春晓才得以常享口福。

参加高温合金研制

1958年，研究所机构调整，将钛合金实验室（19室）改为钛及钼合金实验室（18室），由颜鸣皋当主任，张喜源当副主任。并决定将所有金属压力加工专业的科技人员都集中到金属压力加工实验室（23室），马培亨为主任，吴世德为副主任。

曹春晓此时已对钛合金产生了浓厚兴趣，担心因此改变自己的专业方向。果然，由于当时镍基高温合金研制的任务很重，一到23室，所里便让曹春晓跟着吴世德搞高温合金研制。这个任务来源是这样的：1958年上半年，一机部（当时北京航空材料研究所属一机部）和冶金部联合做出决定，指出："耐热合金是航空工业中的重要原材料，也是冶金工业中的一个尖端技术领域。随着喷气技术的发展，国防工业正迫切需要各种耐热合金。现在我们还不能大量生产这种耐热合金。能否在短期内占领这个技术领域，对国防工业的建设有很大影响。"为此，冶金部与一机部联合编制了1958年试制7种耐热合金（ЭИ868、ЭИ696、ЭИ437Б、ЭИ602、ЭИ617、ЭИ598、ЭИ703）的计划。曹春晓主要参加了研制ЭИ868和ЭИ602两种耐热合金板材的任务。在那段时间，他跟着吴世德，奔跑于北京、抚顺钢厂（简称抚钢）和鞍山钢铁公司（鞍钢）之间。材料在抚钢开坯，在鞍钢轧板。曹春晓虽然很想继续搞钛合金专业，但为了工作需要，作为一个党员，他只有无条件地服从组织安排。为了按期保质地完成任务，当时研究所里成立了一个耐热合金协调小组，魏祖冶所长是成员之一，同时在抚钢也成立了一个试制工作组，荣科副所长是成员之一。由于从上到下的重视，到1959年初，ЭИ868和ЭИ602两种板材的试制任务就顺利完成了。

曹春晓介入耐热合金板材的试制工作虽然只有半年，但却从中学到了不少有关轧制工艺的知识，懂得了科研工作必须与生产实践相结合的道理。这是曹春晓来到北京航空材料研究所后第一次真正进行材料研制，也是第一次进入冶金工厂的生产现场。在这半年中，在练就科研工作的基本功方面他觉得收获很多，因此他非常感谢项目负责人吴世德对他的培养和帮助。

1958年，正值我国"大办钢铁"的大跃进之年，北京航空材料研究所这块科研宝地的大跃进之风也很盛，土高炉林立，炉火熊熊，冲击了正常的科研秩序，浪费了大量的人力、物力。所幸，曹春晓正忙于参加高温合金的研制，在真正的钢厂中搞精品，他暗自庆幸自己没有被卷入到全民"炒钢"的狂热中，没有浪费自己宝贵的青春。

第六章 在科研战场上成长

向苏联专家学习

1956年,苏联压力加工专家马特维耶夫来到北京航空材料研究所并任专家组组长。1958年,另一位压力加工专家马尔邱柯夫也来到北京航空材料研究所。在这期间,压力加工研究室的主任是马培亨。说来也巧,三位专家(后者是中国专家)姓名的第一个中文字都是"马",因此,三位压力加工专家又被中国同志戏称为"三套马车"。钛合金专家鲁日尼柯夫是1957年来到研究所的。曹春晓和三位苏联专家都有一定的接触。他虚心向专家学习,将学到的知识认真细致地作记录。比如在一份曹春晓记录整理的技术文件(钛合金的锻造——马尔邱柯夫专家的建议)中,详细地陈述了对铸锭和坯料的加热、铸锭的锻造、模锻件的锻造等各个环节的技术要求及注意事项,这对于钛合金的锻造具有重要的指导意义。曹春晓就是这样贪婪地从苏联专家那里吸取专业知识营养,使自己在技术上更快地成长起来。

研究钛合金压力加工工艺

1959年,曹春晓又回到了钛合金专业。在半年的课题研制中,曹春晓表现出了如火似焰的工作热情、勤学善思的钻研劲头、吃苦耐劳的工作精神、认真细致的工作作风。在毕业不久的大学生中，曹春晓确实是棵好苗子。因此，研究室领导任命他担任23室有色金属压力加工专业组组长，侧重配合18室钛合金压力加工的有关任务。作为项目负责人，曹春晓主持开展了"T-8钛合金叶片试制及其模锻工艺的研究"工作，该叶片用于当时我国自行设计的超声速歼击机"东风113"的61号发动机。1959年6月，北京航空材料研究所与苏家屯有色金属加工厂（现沈阳有色金属加工厂）签订了T-8合金轧制工艺方面的协议。协议规定，北京航空材料研究所1959年8月中旬提供30毫米方的坯料，并派人参加加工厂轧机的孔型设计，苏家屯加工厂则于1959年8月底完成样材轧制。当时，进度抓得很紧。1959年底，就与沈阳410厂协作，模锻出50个性能合格的T-8钛合金叶片，并写出了技术总结。这批叶片原是打算在410厂的61号发动机上进行200小时以上的长期试车的，但可惜的是"东风113"是"大跃进"的产物，后来很快就下马了，试制出来的T-8钛合金叶片也就没有了用武之地。

1960年，也是在"东风113"的需求下，曹春晓与18室的同志一起赴鞍钢第二薄板厂研制T-4钛合金薄板。曹春晓作为23室的代表侧重考虑板材轧制工艺。当时，鞍钢对钛合金很陌生，但知道这是一种重要的国防材料，于是按保密级别来处理。在研制现场，工厂的保卫保密部门出动了很多人守卫和监视，无关人员一律不得入内。在双方的共同努力下，终于轧出了我国第一块较大规格（1×850×1200毫米）的钛合金薄板。紧接着，曹春晓等人又风尘仆仆地来到沈阳飞机制造厂将其冲压成一个钣金零件（减速板整流罩）。冲压成功后，大家都非常高兴，但零件放在架子上几天后竟沿着零件鼓包边缘自行崩裂了。当时，崩裂声音很大，"砰"的一声，像是爆炸似的。后来，经过分析，才知道原因是鼓包很深，边缘的圆角半径又小，冲压引起的残余应力很大，又没有及时退火消除，板材内含量偏高的氢气逐渐扩散到内应力大的部位而形成延滞性的氢脆现象。吃一堑，长一智，曹春晓吸取了经验教训，在以后的研制工作中再没有重蹈覆辙。

现实经历启迪"善自控"

1959年，张珮联长期出差在沈阳410厂，住在该厂的204招待所。一次，曹春晓也出差去410厂，住在同一个招待所的另一个房间。后来，管理招待所的同志得知曹春晓和张珮联是新婚不久的夫妻后，就热情地让他俩搬到一个双人间住到一起。时值他们新婚燕尔的炽热期，感情上如胶似漆。但结婚一年多来，俩人经常出差，各奔东西，在一起的时间很少。现在碰上这样的机会，住在一起，应当说是在情理之中的，于是，俩人就搬到了一个房间。谁知曹春晓回到研究所后，就有朋友悄悄告诉他，某副所长知道此事后很生气，说："曹春晓太不像话，出差在外像度蜜月似的，影响很坏。"当时，曹春晓听了也很不快，觉得这样的领导太没人情味了，夫妻出差住在一起，又没影响工作，又没增加差旅费，有什么不像话的。

这个出差风波过了一段时间后也就没人再提及了。也许那位领导后来觉得

1959年，曹春晓、张珮联（前排右2、右1）与同事在410厂204招待所附近合影

此事不必小题大做，但曹春晓对此事反倒认真琢磨起来。他想，领导怎么知道的，肯定是有人汇报呗，为什么汇报，肯定是该同志认为"不像话"，看不惯喽。不管这种看法是否正确，部分群众和领导对此事持否定态度，说明了社会中某种思想或者说某种观念的存在。如果个人的行为不符合主流的社会观念，必然会发生某种碰撞。碰撞的结果是产生正面的还是负面的效应，就很难说了。就此事来说，如果持否定态度的领导一方，认为你在外面出差做了"影响很坏"的事，是一个没有出息、不值得培养的人，甚至可能调换你的工作。这样，自己的科研梦可能就圆不成了，那将会是多么大的遗憾啊！当然，一般来说，领导不会因为这点事就走那么远，但如果碰到更"左"的领导呢，那可就不一定了。领导一句话，有时便可决定一个人的命运啊！

想到这里，曹春晓悟出了一个道理：必须"善自控"。曹春晓深知自己是个重感情的人，但为了事业，今后不能单凭感情用事，必须要用理智来驾驭情感，尽管有时候是在合理的范围内行事，但也要从不同的角度来权衡利弊，避免因小失大。"小不忍则乱大谋"，这确是应当铭记的真理。曹春晓从这件事上形成了他创造出来的座右铭——"三勤、三善"中的第一善：善自控。当然，善自控，并不是说要压制自己的感情，压制自己的生活兴趣，做一个木偶，做一个机器人，而是说，行事要审时度势。在原则问题上固然应该具有为真理而奋斗的勇气和胆略，但在无关紧要的非原则问题上，要善于适应形势和环境。在某些情况下，必须控制自己的感情和行为，以不至引起误会，不至于带来麻烦。怎么样才能掌握好其中的"度"，做一个既有丰富情感，又能理智控制的人，这需要思想修养，也是人们不断学习、不断探索的人生哲学和生活艺术。当然，曹春晓所说的"善自控"还有着"坦然面对顺逆、成败、荣辱、贫富"等丰富内涵。

调任所长学术秘书

1960年12月，中央批准成立国防部第六研究院即航空研究院（简称六院），由唐延杰将军任院长。北京航空材料研究所划归六院。1961年6月，三机部正式将北京航空材料研究所移交给六院。移交时，北京航空材料研究所共有18个实验室。

1961年12月，北京航空材料研究所正式列入部队编制，代号为中国人民解放军4059部队，1962年7月又改为总字927部队。

1961年，中央先后发出了《关于自然科学工作中若干政策问题的批示》、聂荣臻的请示报告和《科研工作十四条》等重要文件，论述了党的知识分子政策，指出了目前存在的问题，提出了纠正的措施。

正当曹春晓受到鼓舞，想在科研战场跃马挥戈、继续挺进之时，人事部门在1961年底的一天找他谈话，说魏所长想让他去当所长的学术秘书，要他尽快交待好23室的工作，来研究所办公室报到，并说按科长级干部待遇。人事部门的同志还暗示他，所长准备从技术管理这条线上培养他、提拔他，今后肯定会大有前途的。但曹春晓始终认定自己是属于科研的，用科研成果来充实自己的生命价值才是他的追求。于是，他婉转地请人事部门转告魏所长，他特别想继续搞科研，请魏所长物色其他更合适的人选。第二天，魏所长亲自找曹春晓谈话："你不能只考虑自己的兴趣和爱好，要知道我现在很需要有一个在学术上比较明白的人做我的助手。这是为了全所的工作啊，你必须从全局出发考虑。"曹春晓仍怀着像在上海交通大学毕业时说服校领导让他去搞科研那样的希望去说服所长改变主意，但不论曹春晓怎么辩解，魏所长始终没改口，甚至带着批评的口吻严肃地说："只考虑自己的爱好而不考虑工作需要是不对的。作为一个共产党员，要懂得服从组织上的分配。"曹春晓拗不过所长，只得来个迂回战术，为自己争一块科研"自留地"，他向魏所长提出说："那好，作为一个党员，我服从组织安排。但我有个小小的要求，在不影响学术秘书工作的前提下，我想兼搞一点科研工作，你看行吗？"

魏所长略加思考之后便爽快地答应了他："但一定要分清主次啊！"

"当然，当然。"曹春晓喜在心头。

曹春晓回去做了安排交待，第三天就到研究所办公室上任。魏所长让他先看些资料，熟悉全所各专业的情况，先用比较全面的技术知识把自己武装起来，这样才能当好秘书，当好助手。

大约过了半个月。以前和曹春晓打过交道的六院徐立行副院长来研究所检查工作。一见曹春晓便不经心地问道："小曹，最近都忙些什么？"

"您还不知道吧？我已经调动工作了，现在是魏所长的学术秘书。"

"你感觉怎么样啊？"徐副院长接着问。

由于曹春晓搞科研的"贼心"不死，他犹豫了一下便实话实说："学术秘书这工作倒还适应，但总觉得还是在实验室里搞科研更能发挥我的作用。"

徐副院长思考片刻后，扬眉问道："如果我和魏所长商量一下，把你调回实验室，你会怎样想？"

"那当然求之不得。"曹春晓喜出望外地说。

徐副院长此时也很高兴地说："小曹，那就说定了，有出息的知识分子就应当到科研第一线嘛！"

果然没隔几天，人事部门通知他，让他回到23室去。曹春晓的目的是达到了，但他又担心，这样做是不是有点不尊重魏所长，他会不会认为这是越级告状，会生他的气。但又想，魏所长各方面的水平都很高，不会为这点事怨恨我，他会理解的。事隔多天之后，一次在路上遇到魏所长，曹春晓马上主动打招呼，在问候之后刚想表示歉意，魏所长好像知道曹春晓要说什么，对他摆摆手，很自然地问他："回到实验室后怎么样？"曹春晓告诉魏所长："正在搞T-15钛合金板材轧制工艺的研究，这是摸透'62式'飞机研究工作的一部分。"所长接着鼓励他："要好好摸透啊，这是当前最重要的工作。"曹春晓听后，一股暖流涌在心头。

1962年3月，聂荣臻在广州主持召开了科学工作会议，周恩来总理、陈毅副总理作了重要讲话。陈毅在讲话中给知识分子行了"脱帽加冕"礼。"脱帽"就是脱掉多年来戴在知识分子头上的"资产阶级"帽;"加冕"就是给知识分子加上"革命知识分子"之冕,全国知识界受到极大鼓舞。北京航空材料研究所副所长、特级工程师、全国人大代表荣科参加了广州会议,回来向大家传达后,全所职工无不欢欣鼓舞。曹春晓更是觉得,党中央对科研如此重视,对知识分子这样器重,他决心不辜负党的期望,在科研战场上大干一场。

初为人父

1962年,对曹春晓来说,是人生旅程中的一个新的驿站——开始当爸爸了。这年的3月23日,妻子张玞联回上海老家生下了他们的长子。产假到期,张玞联回京后,就和曹春晓商量给孩子取名。曹春晓想,张玞联是独生女,张家应当有个姓张的后代,就建议第一个儿子姓张。同时受到刚刚结束的调动知识

长子曹峰(右)、次子曹波(左)

分子积极性的广州会议的启发，要鼓励儿子将来攀登科学高峰，于是建议取单名"峰"。张珮联考虑了一下就同意了。这样，第一个儿子就叫张峰，奶名峰峰。隔了一年多，1963年5月28日，次子诞生，取名曹波，奶名小波。峰代表山，波代表水。有山有水，两全齐美嘛。过了一些日子，妻子觉得兄弟俩不一个姓有些别扭，她认为姓名只不过是代表一个人的文字符号，于是，又到派出所将长子的名字改为曹峰。

自明明人　自信信人

1962年，曹春晓作为项目负责人，开展了T-15钛合金板材轧制工艺的研究。根据空军刘亚楼司令员和六院唐延杰院长的指示，北京航空材料研究所的任务就是提前研制出新机种设计和生产所需的材料。从1961年下半年开始的两三年内的具体任务是，彻底摸透苏联米格-21（即"62式"）飞机，以带动米格-19、米格-17，并兼顾"东风113"的研制，也就是通过仿制，积累经验，摸索规律，锻炼干部，然后自行设计制造自己的"东风113"飞机。T-15钛合金板材正是用于"62式"飞机钣金件的材料。当时，中苏关系恶化，苏联专家撤走，只能零星地找到一些有关压力加工工艺的资料，而完整的轧制工艺的研究正是摸透"62式"飞机的内容之一。

该课题开展时的另一背景是：1962年初，北京航空材料研究所制定了"科研工作程序三阶段、二十条"的技术管理文件——《题目管理细则》。这是北京航空材料研究所在总结建所以来科研工作经验教训的基础上，遵循"军工产品质量第一"的思想和中央"关于自然科学若干政策问题的批示"精神以及"三严"（严肃的态度、严密的方法、严格的要求）科学工作作风制定出来的。这一《题目管理细则》把科研过程分成题目研究的准备、试验研究和结束3个阶段。"T-15钛合金板材轧制工艺研究"正是在这样的科研氛围中开展的。曹春晓一方面仔细学习文件，一方面对照课题工作贯彻执行，这对于培养他严谨的科研作风，起到了良好的作用。

该课题较系统地研究了不同热轧温度和不同热轧变形程度对 T-15 钛合金板材金相组织、力学性能和表面质量的影响，对今后制定 α 型钛合金压力加工工艺提出了科学依据。T-15 是 α 型钛合金，而 1959 年研究的 T-8 则是 α+β 型钛合金。曹春晓为积累了两种不同类型的钛合金金相组织变化规律而感到高兴。因为他在为航空事业做出贡献的同时也满足了自己的求知欲。在短短的时间内完成了这些科研任务，尽管日夜兼程，付出了辛劳，但却感受到了"辛而不苦，劳而有乐"的喜悦，初步体会到了只有把工作和学习当作最大乐趣的人，才能享受人生全过程的快乐。尽管劳累得骨头架子都快要散了，尽管在高温炉的烘烤下大汗淋漓，尽管连日熬夜使得头昏脑涨，但想到出成果，填补空白，为国争光，一股强大的精神力量便会把一切劳苦统统化解掉。因而，虽然艰辛，却很愉快，这就叫革命的乐观主义吧。正像高尔基所说："工作如果是快乐的，那么人生就是乐园；工作如果是强制的，那么人生就是地狱。"曹春晓的人生正是因快乐的工作而成为乐园。

"T-15 钛合金轧制工艺研究"的顺利完成是与课题组成员的团结合作、共同努力分不开的。特别是课题组成员牛长石在工作中的出色表现，使曹春晓明白了"寸有所长，尺有所短"的道理。牛长石虽然是个中专生，但心灵手巧，做金相试验，技术娴熟；钻研钛合金知识，掌握得也相当快，成了他的得力助手。在明白了牛长石的长处和自己的短处之后，曹春晓就更信任他，不少事放手让他去干。对于别人的成绩和优点，曹春晓总是持肯定和鼓励的态度。因此，他积极向实验室领导推荐牛长石。后来，牛长石当上了 23 室的副主任。

从这段经历中，曹春晓深感要搞好工作，尤其是作为一个课题负责人，必须"自明明人、自信信人"，才能发挥好每个课题组成员的积极性和主观能动性。自明，就是要有自知之明，要严于解剖自己，真正认识自己；明人，就是了解人，尤其要善于发现别人的长处；自信，就是要有自信心，要有独立见解，不盲从，不随风倒；信人，就是在明人的基础上相信人，根据他的特长，工作中委以重任，放手让别人去干。也就是说，对人对己都要用两分法。这样在工作中，才能扬长避短，实现互补，才能发挥团队效应，更好地形成合力，才能提高团队的战斗力，攻无不克，战无不胜。

第一篇学术论文

曹春晓将 1958~1961 年间自己在科研工作中的一些试验数据及其变化规律进行了总结，以期在学术上得到提炼和升华。经过一段时间的思考，他把自己经手的三个 α+β 型钛合金（T-8、T-10、T-11）的研究心得归纳在一起，写了一篇处女作，题目是《热塑性变形条件对 α+β 型钛合金显微组织与机械性能的影响》，发表于 1962 年度首届六院北京航空材料研究所学术年会上。该报告除了揭示两相钛合金中热塑性变形对组织、性能的影响规律外，还首次提出了两种可能实现的创新性变形工艺——"超高温锻造"和"相变温度压延"。该论文指出："本文提出的两种新的变形方法还不是很成熟，尚需今后作进一步研究和接受考验。"然而，近年来钛合金新型锻造工艺的实践和应用表明，这一早在 1962 年提出的创新性工艺，已成功经受住了科学的考验。

参军授衔

1963 年 11 月 3 日，在北京航空材料研究所大礼堂里隆重举行了全所技术人员参军授衔大会，六院院长唐延杰将军向参军人员授衔。原先在上海读高中时就期望报名参加军事干校却未能如愿的曹春晓，想不到在北京工作后还有机会加入人民解放军队伍，并且，他和爱妻张珒联双双成了年轻的上尉技术军官，心中的高兴劲和光荣感甭提了。回到家里，曹春晓细细端详穿着一身军装的妻子，觉得她既有飒爽英姿，又十分妩媚动人，便和妻子开起了玩笑："像你这样纤细瘦弱的千金小姐居然也当上了兵，你能上前线打仗吗？"张珒联噗嗤一声笑了起来，"反击"道："像你这样手无缚鸡之力的上海少爷，比我也强不到哪儿去，你能冲锋陷阵吗？"小俩口嘻嘻哈哈地笑开了，笑得那样灿烂，那样幸福。说笑归说笑，夫妻俩接着商量什么时候去照张穿军装的合影，以作纪念。这不仅对自己，对子孙后代来说，也是件光荣的事啊！

曹春晓、张珒联参军后合影

下连队当兵锻炼

1964年，根据上级指示，军官都要下连队当兵锻炼，这是部队建设的重要措施之一。考虑到当时曹春晓的身体等具体情况，研究所决定让他就在本所的警卫连当半年兵。当兵期间的任务主要是站岗放哨，除了在研究所大门口站岗外，大多数时间是在油库旁的小山岗上站岗。油库白天有人上班，站岗主要是在夜

曹春晓下连队锻炼

晚。挎上冲锋枪，站在油库附近的暗处，周围一片寂静，只能听到自己均匀的呼吸声，有时也会听到虫鸣声和风吹树叶的沙沙声。第一次站岗时，曹春晓确实有几分紧张，想着真要出现情况该怎么处理？尽管是在夜里，但两个小时站下来，却没有一点睡意。第二天战友一见他就笑着问："昨夜站岗打瞌睡了没有？"

"哪敢呀！万一有坏人把我给端了怎么办？"曹春晓笑着回答。

经过几个夜晚的值班后，曹春晓的胆量就锻炼出来了，但紧张感一消除，瞌睡虫就会找上门来。好在连长和战友们"千万不要放松警惕，决不能麻痹大意"的叮咛提醒着他，于是他使劲打起精神，睁大眼睛，用视线四处搜寻，以不漏掉任何可疑目标。下连队当兵之前，曹春晓以为站岗是件很容易的事，直至自己有了亲身体验之后，才明白其中的艰辛，才懂得站岗是件需要责任感、坚持不懈和勇气的事情。

在和战士们同吃、同住、同站岗、同劳动、同军训的经历中，曹春晓深深感到这些战士的单纯、朴实和忠厚。比如换岗时，大家都尽量提前到，好让别人早点回去休息。曹春晓平易近人，和战士们打成一片，很快就和他们交上了朋友，在一起什么话都谈。有的战士就说了："原来听说知识分子不好接近，现在看来不是那么回事，至少不应该用固定不变的眼光去看待。"曹春晓再拿自己与这些淳朴的战士对照，更觉得他们的可爱。虽然不久后，他们都相继复员离开了部队，但曹春晓和这些战士的友谊长久地留在了彼此的心中。例如，一位叫赵遵有的战友，复员后在河南焦作市矿务局工作。2008年年底，这位战友还带着河南特产烧鸡和山药来看望曹春晓。

下连队当兵期间，曹春晓不仅与战士们一起操练、劳动（种菜）、站岗，而且还进行过真枪实弹的军事训练。在前期训练中,因为眼睛近视,看不清靶心,又由于臂力不足,托不稳步枪,曹春晓的射击常常脱靶。后来,曹春晓运用了他善于思考的优点,很快摸索出瞄准的规律,掌握了射击要领。再加上勤奋锻炼臂力(例如举哑铃等),在最终的射击考核中,不论是手枪还是步枪的站式、蹲式和卧式,每种均打出了26环以上的好成绩(满分为30环)。为此还得了奖品——一本封面上印着雷锋头像和有毛主席题词"向雷锋同志学习"字样的硬壳笔记本。

战友们纷纷向曹春晓表示祝贺。一位战友还拉着他的手亲切地说:"听说你在科研上挺行的。本来我以为像你这样书生气十足的知识分子,当兵肯定不行。没想到你能文能武,文武双全,真是好样的!"还有个战士说:"我经常练,可老打不准。你有啥窍门啊?"曹春晓回答说:"没啥窍门,只要勤奋。打枪与搞科研一样,要勤学习、勤实践、勤思考,要善于总结规律,比如瞄准时要把握好三点一线,但因子弹射出去实际上并非直线而是抛物线,虽然弧度很小,但也要考虑到这个因素,因而瞄准点应该比实际的稍高一点点。另外,要自信,要沉住气,不慌不忙,特别是在扣动扳机的一刹那,不能抖动,不能移位,这样,

下连队锻炼时获射击优秀奖

才能稳定地发挥好自己的潜力。"战士们听了,不住地点头,啧啧称是。

曹春晓的确是个文武双全的才子,在一次联欢晚会上,他借新疆歌曲"雅克西"的曲调,根据自己的体会,谱写了一首"四好歌",以歌唱警卫连的四好连队活动。"雅克西"是维吾尔族语"好"的意思,轮到曹春晓表演的时候,他往会场中间一站,目光炯炯有神地向战士们扫视了一下,接着,他以高亢的声音说道:"战士们好!在我来到连队的几个月中,承蒙连长、指导员和大家的厚爱,使我学到了许多宝贵的东西,政治思想上、军事训练上,都有了很大的进步。四好连队活动的开展,使我们的连队建设有了新的起色。现在,我就用新疆歌曲'雅克西'的曲调为大家唱首四好歌。唱得不好,请大家见谅。"

接着,他便以饱满的热情唱道:"主席著作认真学,政治思想来挂帅。雅克雅克西哎,什么雅克西咃,政治工作雅克西!三大纪律八项注意,时时刻刻记心里。雅克雅克西哎,什么雅克西咃,三八作风雅克西!人人争当神枪手,苦练杀敌真本领。雅克雅克西哎,什么雅克西咃,军事训练雅克西!吃好睡足身体好,精神愉快士气高。雅克雅克西哎,什么雅克西咃,生活管理雅克西!"

曹春晓嘹亮的歌声,博得了大家热烈的掌声。同时,通过歌声,他的心也和战士们更加亲密地融合到了一起。

1965年,曹春晓圆满完成下连队锻炼的任务,警卫连对曹春晓做了如下鉴定。

曹春晓同志鉴定

该同志对下放锻炼认识明确、态度端正。在下放期间,能尊重领导、团结同志,真正放下干部架子,虚心向工农兵学习;对自己能严格要求,有吃大苦耐大劳的精神;不管领导让他干什么,从来没有强调过困难,圆满地完成了下放锻炼的任务。因此,年终荣获"五好战士"(政治思想好、军事训练好、三八作风好、完成任务好、锻炼身体好)的光荣称号。具体表现如下。

(一)学习主席著作认真。自来警卫连,一直坚持学习毛主席著作并能活学活用,学用结合,给战士以良好的影响。他不仅自己学习抓得紧,而且能帮助同志学习,还能够将自己学习的经验介绍给别人。学用结合,主要表现在他能够带着思想上、工作上的问题,用主席思想进行分析,不断改造思想,不断提高自己的认识水平。

（二）组织观念强，尊重领导。领导让他干什么，那怕是最艰苦最困难的，他也能千方百计地去完成。对待群众，遇事能商量，能团结同志，没有发生过纠纷，能积极参加劳动，虽然他身体较弱，但表现并不比别的同志们差，甚至某些方面超过他们，真正经得起劳动的锻炼。

（三）生活艰苦朴素，能吃苦耐劳，能真正与群众实行五同。虽然离家近，但他从没有随便回家过。自己用牙膏都做到节省细用，这对群众有很大的影响。如有的同志说，老曹真是老八路作风，我们要向他学习。连里有次开晚会，他把自己编写的"四好歌"节目在晚会上表演，使大家受到了很大的教育。

（四）军事训练也有很大的收获。1964年步枪实弹射击，取得了优秀成绩。其他课目也取得了良好以上的成绩。年终获得军事训练的奖励。

（五）阶级警惕性很高，认真执勤。不管白天、黑夜或是在刮风下雨等恶劣气候情况下，从没有发生过问题，圆满地完成了警卫任务。

（六）有批评与自我批评的精神，能进行自我检查和总结，能不断地前进，对一些不良倾向也能向组织如实地反映。

（七）认真作思想工作。在班里只要发现问题就和同志们谈心，如有的同志不愿在山上站岗，要求调班，经过他的帮助思想才转变过来。

警卫连支书　颜成绪

同意该支部鉴定意见

行政处　党总支
1965 年 3 月 16 日

警卫连党支部的鉴定，从学习、思想、军训、工作、组织观念、生活作风、群众关系等各个方面全面肯定了曹春晓的表现。这绝不是偶然的，这是曹春晓固有的思想品质、精神面貌在军训中的必然表现。"共产党员是用特殊材料制成的"。正是有了这种真正的共产党员的思想品质，当兵，就可以成为五好战士；工作，就能成为先进工作者；搞科研，就会成为不畏荆棘、勇攀高峰、为国争光的开拓者。

第七章 掀开我国航空用钛第一页

确定主攻方向

1964年，曹春晓与马济民、唐龙章等一起从23室调入15室。此时的15室是由原钛合金实验室（原18室）和原粉末冶金和陶瓷涂层实验室（原15室）合并而成的，由王金友任15室主任。

当时，15室的建设已初具规模，两台可熔铸25千克钛合金铸锭的真空自耗电弧炉已投入使用；一台8千克容量的钛合金真空凝壳炉也已设计完毕，正在长春电炉厂制造并于1965年投入使用。此外，技术力量方面也具有一定的实力，除了1957年从苏联留学归来的王金友担当起研究室主任的重担外，还有从苏联学成归来的副博士葛志明等。为了尽快安装设备，王主任带领大家一起参加挖地基等劳动。曹春晓一到15室报到，就被那种热火朝天的劳动场面所感染，便也积极地融入其中。他深深感到，钛合金实验室发展到当时那种水平，既有颜鸣皋总师早期创建的功劳，又凝结着王金友主任带领下的一批技术骨干的心血。

1964年底的一天，王金友对曹春晓说："你这个专业组长要好好考虑一下，怎样打开钛合金在我国航空工业应用的局面？"曹春晓觉得王主任提出的是一个非常重要的战略性问题，航空材料研究所已研究钛合金多年，但当时还没有一个钛合金零部件应用到航空发动机上。长此以往，这不是在白吃人民的饭吗？曹春晓经过反复思考，觉得钛合金在航空工业应用上的突破口应该是发动机转子零件——转子叶片和盘。这是因为在发动机上每节省1千克重量，在飞机结构上即可相应地节省4~10千克重量。而在发动机中，钛合金又更适用于转子零件（通常每分钟一万多转），这是因为密度显著小于钢的钛合金使转子零件的离心力显著减小，从而能更有效地减轻发动机结构重量和提高发动机的推重比。"那么，应选择什么类型的钛合金作为突破口呢？"曹春晓想，"首选应该是国际上最成熟的钛合金，这样可以最大限度地减少设计使用单位对安全可靠性的疑虑。"于是曹春晓锁定了 Ti-6Al-4V 合金，因为该合金是当时国际上公认的使用经验最丰富、应用范围最广泛的一种合金。这一合金从 1956 年开始批量用于美国的各种航空发动机，其优越的综合性能不仅表现于各种力学性能的良好匹配，而且表现于各种工艺性能（可锻性、可焊性等）的良好匹配。

曹春晓去找王主任谈他的想法，刚一开口就发现王主任与他不谋而合。他俩便接着商量，选择哪种发动机作为应用对象？考虑到过去钛合金的应用研究，往往因不成熟的新机型下马导致半途而废，这次是不是考虑在现有成熟的发动机上搞"以钛代钢"呢？俩人的思路又一次对接，于是初步确定在涡喷 6 发动机及其改型机上"动手术"，进行置换。第二天，曹春晓又与专业组其他同志交换了意见，大家一致同意这一想法。

然而，上述想法能不能得到有关领导的支持呢？当时正值领导部门调整之际，为了使国防科研与生产更好地结合，1964 年 11 月，经国务院批准，航空工业部与六院合并。1965 年 1 月，航空材料研究所党委召开全所大会，正式传达了中央决定。研究所政委段志超在动员报告中说："部院合并可加快航空工业的发展速度，有利于加强国防建设……"部院合并后，航空工业部副部长刘鼎兼任六院院长。

王金友和曹春晓决定借部院合并的良机，直接向刘鼎院长汇报在涡喷 6 发动机上推广应用 Ti-6Al-4V 合金压气机叶片和盘的想法。刘鼎听后十分赞同。不久就批拨 105 万元课题费开展这一重大科研项目。105 万元，在那个年代可是一大笔款项啊！专业组的同志们很受鼓舞，个个摩拳擦掌，跃跃欲试，决心不辜负上级的信任和支持，尽快拿出成果来。

曹春晓感到上级的重视和支持如同春雨般滋润了"钛合金在航空发动机上的应用"这块科研园地。"耕耘钛业、献身航空、报效祖国"的心愿可以借这块科研园地得以实现了。现在是非常关键的一步，第一步走好了，局面打开了，就会为钛合金研究开辟出一条康壮大道。曹春晓踌躇满志，决心抓住良机好好干一番事业。当天晚上，兴之所至，他将一瓶从老家捎来的他非常喜爱的绍兴老酒拿出来，就着简单的菜肴喝了起来。

酒过三盅，曹春晓推开窗子一看，月亮似乎比往日更为明亮，静夜里微风吹拂，感到格外舒心。于是，他诗兴大发，即兴吟出一首七言绝句。

> 朝闻人间春雨声，
> 滋润园地暖胸襟。
> 夕望明月轻风拂，
> 独酌美酒三杯尽。

当时的曹春晓，就像是出征前的战士，整装待发了。

第二天，他们立即行动，一个大项目分成两个题目——叶片和盘。曹春晓担任研制 Ti-6Al-4V 合金（我国牌号为 TC4）压气机叶片的题目负责人，但作为专业组组长，他还要兼顾两个题目的交流、沟通和协调；沈桂芹、刘立志、张仁东、王定华等同志是研究所内的题目组成员；主要合作单位是成都的 420 厂。

院部合并初期，六所仍是解放军部队编制，到了 1965 年 6 月 30 日，才正式与部队分离，改为地方编制。虽然曹春晓挺留念这一身军装，但丝毫没有影响到他的情绪。他全身心地投入到 Ti-6Al-4V 合金及其叶片的研制当中，心想，只要今后为"强军"做出贡献，也就对得起自己当了一年半军人的光荣历史了。

一天，他接到一封从上海发来的电报，告知张琲联的父亲因肺癌不幸逝世。惊诧、悲痛向曹春晓同时袭来。当时，张琲联因做人工流产正在 309 医院住院，原因是他们已有了两个孩子，为了不影响工作和生活，他们商定不再要第三个。

"要不要把这个噩耗告诉张琲联呢？"曹春晓心里非常着急。他早就听说，女同志无论是自然分娩还是人工流产，在"坐月子"的调养期间，如果悲伤过度，情绪受影响，可能会留下后遗症。"要是告诉她，万一真留下什么后遗症，

第七章 掀开我国航空用钛第一页

这可会遗憾终生；但如果不告诉她，会不会因为不能与爸爸告别而终生遗憾？"这使曹春晓陷入了两难之中。想来想去，想到岳父生前对他似亲生子般的疼爱，曹春晓的头脑一下子清醒过来。岳父是他心目中一辈子求真务实的的工程师，他对独生女儿的爱也是最朴实的。如果要他老人家在九泉之下做选择的话，他一定会出于对女儿的爱，赞成暂时不告诉她。

于是，曹春晓就到医院对张珥联说了一句善意的谎言——"有急事要出差外地"，然后就匆匆忙忙赶到上海，以最快的速度办完丧事，安抚好岳母后，又赶回了北京。待爱人身体完全恢复后，曹春晓才将此事告诉她。他不知爱人会不会因这事责备他，心里有一丝不安。

"珥联，有件事我要向你解释，不知道你能不能原谅我？"

"什么事？有什么原谅不原谅的？"张珥联一头雾水，不知所云。

"我以前从没有对你撒过谎，但在你住院期间，我怕影响你的健康，不得不说了一句谎话。"

"什么谎话，你快说啊！"张珥联急于揭开谜底。

"我当时不是去外地出差，而是到上海去处理后事，你父亲他……"

"我父亲怎么了？"张珥联都快急哭了。

"他老人家得了肺癌医治无效去世了。"曹春晓低声沉痛地说。

张珥联听后，脑子一片空白，极度的哀痛使她潸然泪下。她想起父亲忠厚老实的一生，从小就对她疼爱有加，供她上学，从微薄的工资中省出钱来给她买学习用具。父亲那慈爱的笑容还在眼前晃动，怎么说没就没了呢？

"妈说，为了不让我们牵挂分心，没跟我们说爸爸住院的事。"曹春晓补充说。

"我跟妈说了，过段时间我们就将她老人家接来北京，你看怎样？"

"当然要接来北京了，母亲一个人在上海，我们怎能放心呢？"张珥联逐渐从悲痛中苏缓过来。

之后不久，张珥联便赶去上海将母亲接来北京定居，全家团聚，共享天伦之乐。

曹春晓白天忙着做试验，晚上回到家还要抓紧时间看资料、写文章。可 12

平方米的小屋住着5个人，晚上屋里开灯又怕"扰民"，于是，他只好等两家人都睡了后，在卫生间支张小桌权当书房。多少篇资料的阅读和多少篇报告、论文的撰写，就是在这种特殊的"书房"里完成的。将卫生间当书房，是曹春晓的一大"发明"。这不仅说明了那个时代生活条件的艰苦、无奈，更说明了曹春晓惜时如金、为了科研而想办法克服一切困难的拼搏精神。

旗开得胜

1965年，曹春晓几乎把全部精力都投入到课题工作中。他率领课题组先在室里熔炼了一个 $\varPhi140$ 毫米的 Ti-6Al-4V 铸锭，并在仔细研究锻造和热处理工艺的基础上，获得了性能合格的棒材。接着便到成都的420厂研制首批涡喷6发动机第一级和第六级压气机转子叶片，通过不同工艺参数的对比试验，确定了工艺规范。其后，又马不停蹄地进行了扩大试验，与沈阳有色金属加工厂合作研制出了较大规格的铸锭，将其拉到航空材料研究所锻成棒材后，再运到成都420厂制成100多片涡喷6发动机第一级压气机转子叶片。

本来，新年前就计划要装机试车的，但事到临头厂里有些同志又犹豫了，怕没有把握，出了问题不好交代，于是暂停了下来。

此时，曹春晓作了进一步反思。这次试验的确是非常关键，如果有个闪失，作为题目负责人，个人名誉受损是小事，但发动机损毁是大事。更严重的是钛合金在航空工业上的应用如果出师受挫，今后的局面就不知如何才能打开了。国家投了那么多钱，同志们马不停蹄、日夜鏖战了那么多天，如果都化为乌有，他怎么交待？想到这些，曹春晓不寒而栗。继而又想，只要自己尽了最大努力，把风险降到最低，就应当无所畏惧地勇攀"险峰"。于是，曹春晓的心逐渐平静了下来。

夜深人静时，当爱人已酣然入睡，劳累了一天的曹春晓靠在床头陷入了沉思。

他再度用"三思而行"来审视研制的全过程，有没有考虑不周的地方？有没有被忽视的细节？一幕幕攻坚闯关的镜头又在脑中闪现……

第一幕，熔铸关。在研究所里熔炼 $\varPhi$140 毫米铸钛合金时，发现了 TiN、W 等夹杂物，于是在苏家屯有色金属加工厂扩大试验时，加强了对原材料海绵钛的检查和挑选，避免了这些夹杂物的产生，从而，降低了发动机试车和服役的风险度。

第二幕，锻造关。在过去研制 T-8 叶片的经验基础上，又做了 Ti-6Al-4V 的工艺试验，从中得出了明确的结论：为了提高叶片的高周疲劳强度并进一步降低风险，必须采用 $\alpha+\beta$ 锻造工艺以获得细小等轴的显微组织。与此同时，锻造过程中采用了提高模具预热温度和使用安瓿玻璃润滑剂等工艺方法解决了重皮和粘模的问题。

第三幕，机加关。由于 420 厂从未制造过钛合金叶片，对钛合金导热性能等特性不了解，因此，当钛合金模锻件送至机械加工车间铣削叶身时，刀具烧损很快，磨削过程叶片表面又很容易产生过热，工人叫苦连天，都说没法干了。虽然机械加工不是曹春晓的本行，但为了解决工作难题，他赶紧找资料学习钛合金机械加工方面的知识，并与工厂技术人员和工人一起分析原因，研究解决办法。后来调整了进刀量、刀具角度、转速以及冷却液用量等，最终解决了铣刀损耗太快和磨削时过热导致钛合金叶片高周疲劳强度显著降低等关键问题。

第四幕，检验关。通过前三关的控制，已有效提高了钛合金的使用可靠性，但仍难保证每个装在发动机上的叶片都不存在影响使用性能（特别是疲劳性能）的隐患。为此，曹春晓特别重视把好最后一道关口——检验关。除了对每个叶片进行 X 光、荧光检查以避免内部和表面缺陷（夹杂、裂纹等）外，还探索出了在精抛光之前，对叶身进行 100% 表面低倍腐蚀检查的方法。如果用肉眼能看出清晰的等轴晶粒，那么，高倍放大下的金相组织一定是片状组织而不是等轴组织，这样的叶片就不能使用。叶身表面低倍腐蚀检查还能查出夹杂物和磨削过热区等缺陷，从而防患于未然。

曹春晓在期盼和焦虑中，渐渐入睡。梦中他看见一座青翠的高山上，绽放着一朵美丽的鲜花。这朵花扑朔迷离地变换着色彩，一会儿粉红，一会儿雪白，一会儿靛紫，一会儿杏黄，神奇的变幻深深地吸引着他。他决心摘取这朵奇妙而绚丽的鲜花。然而，山很高，花又是长在悬崖峭壁上。要摘取她，不仅需要艰苦的攀登，还要有不怕危险的勇气。但曹春晓太想得到她了，于是把艰苦、风险都置诸脑后，汗流浃背地努力攀登着。就在他快要够着鲜花时，突然，不知怎的，身子像太空人一样，处于失重状态，轻飘飘的，怎么也够不着。正在着急时，梦醒了。"啊，原来是场梦哟。"曹春晓继续追忆着刚才的梦境。"那绚丽的鲜花不正是我苦苦追逐的钛合金吗？我为什么拿不到它呢？不，我一定要拥有它！"曹春晓暗下决心。

后来，经过题目组成员和有关领导的反复讨论，统一了认识：这次试车并不是蛮干而是有充分的科学试验数据为依据。科学试验总是要承担一定风险的，为了我国航空发动机事业的发展，为了将它推进到一个新的高度，冒些风险是值得的！于是工厂领导们终于下了决心：试！

1966年春节前夕，成都航空发动机厂的车间里，人们忙碌地做着试车前的最后准备工作。曹春晓看着这台我国第一次装上钛合金叶片的航空发动机，心里无比兴奋。这批TC4钛合金叶片是他和课题组的同志们一年来心血的结晶，多少个日日夜夜试验研究的成果。今天要试车了，就像母亲看着自己抚育出来的孩子将要第一次登台表演一样，曹春晓十分激动。然而，这毕竟是中国第一批参加试车的钛合金叶片呀！虽然经过了严格的科学检测，但谁又能保证不出现万一呢？他突然感到自己像是站在悬崖边上，心在怦怦地跳，手里捏着一把冷汗，他知道此次试车事关重大。成功了，固然是皆大欢喜，而万一失败了呢，破碎的钛合金叶片会把后面的一系列不锈钢叶片和其他零部件打坏，会使近百万元的整个发动机毁于一旦。这不仅会造成重大的经济损失，还会使他们的生产任务难以完成。

一切准备就绪之后，人们屏息静气地注视着发动机。随着一声令下：启动！发动机就像猛虎一样，发出隆隆的呼啸，欢快地转了起来。一分钟，五分钟，十分钟……发动机运转正常，各项测试数据完全符合要求，钛合金叶片经受住了严峻的考验，先期试车成功了！

车间里一片欢腾。曹春晓和他的同事们眼里禁不住闪出喜悦的泪花。工厂领导和部里的同志不约而同地走过来向他们表示祝贺。

之后，为了继续试车，为了赶进度，为了进一步做好后续的实验，曹春晓还要留在成都，顾不上与家人团聚。春节就快到了，每逢佳节倍思亲，他思念着爱妻和两个三四岁的孩子。他们在北京怎样度过春节呢？岳母、妻子会带孩子去逛闹市吗？孩子们缺了他这个会玩会逗的爸爸，能玩得高兴吗？这一年一度全家团聚的日子，却不能和家人团聚，曹春晓心中不免有几分愧疚。但他既已和钛合金结下了不解之缘，为了钛合金的试验成功，他只能让亲情居后了。

654号发动机长期试车累计达到244小时而圆满达标的那一天，曹春晓在北京接到了成都420厂的报喜电话，一时心潮澎湃，喜不自胜。每当有高兴的事，曹春晓就爱喝酒。家里没有他喜欢的绍兴酒，他就去买了一瓶"二锅头"，三杯下肚，兴致来了，当即赋诗一首：

梦中长相思，但愿钛生花。
昼夜倍呵护，盼伊开奇葩。
奋力齐攀登，何惧上险崖。
今日闻佳音，开颜望彩霞。

研制TC4钛合金叶片的课题组是由航空部内外的有关单位组成的大型联合课题攻关组，可谓是一支科技战场上的"特混小分队"，各路英雄均怀绝技。而30岁刚出头的曹春晓正是这支"特混小分队"的队长，少年得志，青春火红，正豪情满怀地奔驰在科学大道上。但曹春晓并没有陶醉在成功的欢乐之中，他知道这只是万里长征的第一步，以后的路还长着呢。他冷静地思考着下一步"棋"该怎么走，怎样与负责盘件研制的课题组携手并进，把TC4合金推广应用到更多的发动机叶片和盘上。其后不久，北京航空材料研究所、420厂与鞍山钢铁厂、沈阳有色金属加工厂、北京有色金属研究总院等单位紧密合作，除继续研制叶片外，又进一步研制成功了 Ti-6Al-4V 合金压气机盘，并通过了装有第一级钛合金压气机盘和叶片的 661 号发动机的第二次长期试车以及装有第一、第六、第七、第八、第九级 TC4 合金压气机盘和叶片的 691 号发动机的第三次长期试车。

1969 年制成的两台涡喷 6A 型发动机（一台装有第一级 TC4 合金叶片，另一台装有第一、第六、第七、第八、第九级 TC4 合金盘和叶片）同时安装到同一架飞机上，并从 1970 年 10 月 1 日开始到 1972 年 8 月 6 日为止，顺利地完成了我国第一架采用装有钛合金盘和叶片的发动机作为动力装置的飞机的长期试飞任务。经检查分析，发动机使用情况良好。

从 1970 年开始，涡喷 6B 型发动机在设计使用中，正式采用 TC4 合金制造第一级压气机盘和叶片。在北京航空材料研究所、420 厂等研制协作单位的共同努力下，TC4 合金盘和叶片先后通过两次涡喷 6B 型发动机长期试车，并在 1978 年之前进行了小批量生产。

之后，五六种航空发动机先后装上了多级 TC4 钛合金叶片和压气机盘，取代了原来笨重的钢叶片和钢盘，使发动机单台重量明显减轻，显著地提高了发动机的推重比，为我国空军装备的现代化做出了重要贡献。技术鉴定会指出："TC4 合金产品的组织性能达到了美国宇航材料标准，它的研制成功为我国钛工业的发展和在航空工业中的应用奠定了基础，起到了开路先锋的作用。"而在这鉴定书的后面，我们不难想象曹春晓和他的同事们做出了多少艰辛的努力。

TC4 钛合金在涡喷 6 及其改型机上的应用是我国航空发动机用钛史上零的突破，为我国航空发动机用钛掀开了新的一页，从而加强了航空工业系统推广应用钛合金的决心和信心。

我国在 1966 年成功地通过了第一台装有钛合金转子叶片的航空发动机的长期试车，只比美国晚了 12 年；从 TC4 的应用来说，只晚了 10 年。可惜的是，由于文化大革命的影响，又把这个差距拉大了。

1974 年 5 月，春暖花开之时，航空部在 420 厂召开了钛合金应用推广规划会，参加会议的共有 31 个单位 145 名代表。在大会交流时，420 厂的很多职工也前来踊跃参加。当曹春晓在大会上做主题报告时，数百人挤满了会场，曹春晓在报告中回顾了 TC4 合金近 10 年来的艰难曲折的研制和应用历程。他那层次分明、条理清晰、立论新颖、论据确凿的演说，深深吸引了会场听众，在长达一个多小时的报告中，演说多次被掌声打断，比如他说："'趁热打铁'是千百年来的我国人民群众的口头语，也是锻造的基本规律，用到钛合金的锻造上可以说是'趁热打钛'。由于钛合金坯料出炉后表面冷得更快，因而容易锻裂，我曾提出'趁热打钛'比'趁热打铁'更重要这一概念。但后来我发现，这个概念只适用于较小的锻件，对较大的锻件来说，内部组织常常出现过热现象，这是因为锻件在变形过程中要产生热即'变形热'，而钛合金的导热系数较低，不能很好地向外散发，这样，过快过大的变形就会导致锻件中间部位过热而报废。例如，涡喷 6 发动机第一级压气机盘模锻件原来是在 8000 吨液压机上一次成形的，结果导致中间部位过热，后改为'分二次成形'，使变形所产生的热量有足够的时间向外散发，问题就解决了。因此，我现在正式提出一个新概念，将'趁热打钛'改为'控热打钛'。"话音刚落，就博得全场听众的热烈掌声。报告结束时，一位与会者说，他们厂多年来开会还很少出现这种全场听众聚精会神听讲、兴高采烈讨论的热烈局面。

吃过晚饭，曹春晓回到招待所，很多新老朋友都前来祝贺、交谈，大家都为航空用钛打开了新的局面兴奋不已。

1975 年 4 月，冶金部和航空部在河北涿县联合召开了钛合金推广应用落实会议，为钛合金的推广应用加油。

文革中的"逍遥派"

文化大革命刚开始时，曹春晓感到很新奇，骑车到北京大学等高校去看大字报，觉得革命小将们还真有几分"造反有理"的精神。随着事态的发展，思想上的迷雾越来越浓：怎么各级领导干部都成了"走资本主义道路的当权派"？

难道共产党变质了吗？到后来，身边发生的事实使他对文化大革命完全持否定态度。比如说，造反派将研究所总工程师颜鸣皋关进牛棚，说他是美国特务。曹春晓是颜鸣皋的入党介绍人，对颜鸣皋的历史和入党后的表现是比较了解的。颜鸣皋到苏联访问时，碰到一个加拿大人，就礼貌地用英语寒暄了几句。凭这就把颜鸣皋打成什么美国特务，岂不是"欲加之罪何患无辞"吗？有一天，一个声称代表"组织"的人找曹春晓谈话，要他揭发颜鸣皋不满党和社会主义的言论以及反革命的可疑行为。曹春晓实事求是地告诉他：没有什么可揭发的，他和颜鸣皋之间只谈工作或生活上的事。后来，又有人让曹春晓准备一下批判颜鸣皋的发言，也被他婉言拒绝了。当看到会场中间被批斗的颜总已瘦成皮包骨，脸色也灰暗得让人惊骇时，曹春晓难受极了，他的心在滴血。后来才知道，颜总因胃出血且得不到及时治疗，最后胃被切掉了五分之四。他心疼地想，这么一个早年从美国冲破重重障碍，矢志回来报效祖国，政治上积极要求进步，很快成了共产党员的老革命知识分子，竟然遭到如此迫害，连起码的人道主义都不讲了，这是搞的什么革命啊？到底是在革谁的命啊？

由此，曹春晓决定置身于这些所谓的"革命行动"之外，也没有卷入到什么"造反派"和"保皇派"的斗争漩涡之中。如果说这就是"逍遥派"、"观潮派"的话，那他也不在乎别人说自己什么了。其实，他的内心一直没有"逍遥"过，他始终关心着文化大革命的动态和国家的命运，思考着几十年来党的一些理论和实践问题。

大字报风波

1968年8月，姚文元发表《工人阶级必须领导一切》的文章，把广大知识分子打入另册。接着，中央做出了"工人阶级进入上层建筑领域,领导斗、批、改"的决定。1968年9月，"毛泽东思想工人宣传队"（简称工宣队）进驻北京航空材料研究所，开始了大规模的"清理阶级队伍"运动。大概因为曹春晓出身于工商业主家庭，在工宣队的鼓动下，两位年轻同事在2号大厂房的外墙上，联名贴出了约4米长、3米高的巨幅大字报，上面的通栏大标题是"资产阶级学术权威——曹春晓"，下面的内容主要是些空洞无物的"革命"、"批判"一类的时髦词藻。当然，也说了一点"资产阶级学术权威"的依据：其一，"科研学术上的事都由他说了算"；其二，"资产阶级的孝子贤孙"。1965年，当曹春晓听到岳父去世的消息时，伤心得落了泪。当时，爱人在309医院住院，他就到上海奔丧，帮助料理后事。这怎么就成了"资产阶级的孝子贤孙"？岳父是个工程师，也扯不上是什么资产阶级呀？即便是资产阶级，作为女婿，也不能装成毫无亲情、不讲人道的冷血动物！那是一个不讲理的时代，是一个随便可以给人"戴帽子"的时代。

妻子张琲联看到大字报后，很是焦急，生怕文化大革命的烈火也烧到丈夫身上来。曹春晓则从容地安慰妻子说："身正不怕影子斜，心正不怕别人议。我想，这两位年轻同事只是为了迎合'阶级斗争'的需要，受人'启发'才贴出这一大字报的。何况，它的标题只是'资产阶级学术权威'，还没有给我扣上'反动学术权威'的帽子。当然，他们现在和将来也不可能找到任何'反动'的依据。也许他们主观上并不想真的打倒我，只是逢场作戏而已。工宣队呢，也得找几个目标好完成上级布置的任务，不然，什么动作都没有，怎么交差呢？"曹春晓还诙谐地对爱人说："我刚30岁出头就成了'学术权威'，岂非抬举我了。"曹春晓的"乐天派"性格感染了妻子，使妻子从紧张、担忧的情绪中渐渐走了出来。

曹春晓有个习惯，就是走路或骑车时总爱轻声唱个什么歌或哼个什么小调，这也可说是他的"乐天派"性格的一个反映吧。贴大字报的第二天，曹春晓骑着自行车上班时，不经意间又哼起了小调。有人听到了，又贴出一张未署名的小字报，说曹春晓态度太坏，受到大字报批判，不老老实实反省，还若无其事地哼小调，这不是在与革命群众的革命行动对着干吗？

曹春晓看后，心想，其实自己并不是故意的，只是习惯成自然而已。当然，这也说明大字报对他没多大影响，他并不在乎大字报的"欲加之罪"。妻子知道后，劝他以后要多加注意，特别是现在阶级斗争这根弦绷得这么紧，盛行抓辫子、打棍子。祸从口出，要时时警惕，把好"嘴"这道关啊！曹春晓会意地点点头，他感谢妻子的提醒、关照。

其实，曹春晓根本就没有什么可抓的辫子，此后就再没有什么大字报跟进，那两位年轻同事似乎也就此偃旗息鼓，不再"乘胜追击"了。后来，不少朋友告诉他，几乎所有其他同事都不赞成那张巨幅大字报的内容和观点。这大概是大字报的发起者感到孤立无援而只好后撤的原因吧。

大字报风波过后，曹春晓仍一如既往，从容地进行科研工作，豁达地对待工宣队和两位年轻同事。他想，在一哄而起的群众运动中，一些人没有思想准备，难免辨不清方向，或一时糊涂，做出一些不够理智的事，这是可以理解的，不应计较，不应怨恨。因此，他仍和从前一样，和他们和谐地共事，快乐地工作。

1969年9月，由空军派干部组成的军宣队进驻航空材料研究所，先后进行了"革命大批判"、"改造知识分子资产阶级世界观"、"清理阶级队伍"等活动。但对曹春晓来说，没有再受到什么冲击。

又当爸又当妈

1970年9月，妻子张珥联被下放到河南驻马店"五七"干校劳动，直到1971年11月才回到研究所里。这期间可够曹春晓为难的了，因为在1968年大讲特讲阶级斗争的畸性岁月，岳母因出身地主家庭而被"遣返"回上海。当时，上海已没了栖身之处，但谁管你这些，只好住到亲戚家。一个从来没工作过，只在家做家务劳动的老太婆，因为不能选择的家庭出身，便成了文化大革命的冲击对象。

岳母走后，两口子又要忙着上班或是出差，又要照顾两个刚上小学的孩子，整天忙得晕头转向。现在，妻子又下放去干校劳动，曹春晓一个人又当爸又当妈，科研工作还得照样紧张地进行，同时，在那个非常时代，晚上还经常要开会学习，"斗私批修"，"在灵魂深处爆发革命"。一有毛主席的最高指示发布，半夜三更也要起来敲锣打鼓地游行宣传，当时这叫做"宣传贯彻最高指示不过夜"。加上"革命"所消耗的时间和精力，曹春晓更是被弄得焦头烂额。在此期间，曹春晓十分挂念在干校劳动的妻子，那里生活条件苦、卫生条件差，妻子习惯不习惯，会不会生病呢？而张琲联更是牵挂着丈夫和两个孩子：他只知道一心扑在工作上，会注意自己的身体吗？能管好家里吗？能照顾好两个孩子吗？于是，他们在紧张的工作、劳动之余，就用一封封书信来交流、寄托相思眷恋之情。由于信件往来频繁，在"五七"干校被传为佳话。一些校友感叹，曹春晓夫妇确是相亲相爱、情深意长啊！但张琲联从干校回来后，一看到家里乱七八糟，被子床单脏成那样也没拆洗，不免要埋怨几句。曹春晓歉疚地说："是的，家庭的整洁度、环境的卫生等级肯定是大大下降了，可是你不知道我每天只睡五六个小时呀！能够把两个孩子糊弄好，平平安安地没出什么事就不错了。"

妻子想想也是，一个大男人，又要忙工作又要管家看孩子，确实不容易，心里便从埋怨转为理解、同情了。

"开后门"搞科研

文化大革命的烈火熊熊燃烧，武斗之风漫延全国，学校停课、工厂停工或半停工、机关瘫痪或半瘫痪。大多数人都被卷入到文革风暴之中。北京航空材料研究所虽属军工科研单位，却也不能幸免。曹春晓在文革中始终保持着清醒和冷静，不参与那些所谓的"革命行动"。但科研搞不成了，闲着无事，便感到这样下去是青春和生命的极大浪费。

怎么办呢？想来想去，突然眼前一亮：本单位搞不成了，就到外单位"开后门"搞去。他想起上海交通大学的同班同学江国屏，当时江国屏在机械部机械研究院开展高速锤挤压工艺的研究。如果用这种新工艺来加工涡扇6发动机的钛合金压气机叶片和较大的风扇叶片，既可以简化工序，缩短周期，又可以提高质量、降低成本。江国屏不仅设计和工艺水平高，还可以实际操作高速锤进行试验。如果找到他开个"后门"，与他合作搞钛合金叶片高速挤压的研制工作，也无需惊动该院的其他同志（在此动乱时期是不易办到的），定能又好又快又省地取得成果。于是，曹春晓就找到江国屏说了这一想法，两人一拍即合，各自向本单位领导汇报并取得了同意。曹春晓来回奔跑于环山村和位于白石桥的机械研究院之间，劳累被成绩所消解，他再次领略到"辛而不苦，劳而有乐"的滋味，品尝到了"开后门"搞科研的甜头。采用高速锤，在不同温度下挤压成功的TC4钛合金叶片，后来在沈阳606所分别进行了大量的振动疲劳试验，并选其性能优异者正式用于涡扇6发动机上。可惜的是，该自主研制的发动机后来却中途下马了。

舍小家　顾大家

1970年上半年，妻子出差去上海，曹春晓一人带着两个七八岁刚上小学的孩子。一天，接到军宣队通知，让他即刻出差。南方一个工厂设计制造的发动机，突然发生严重的压气机转子零件破断故障，上级领导点名要他去参加故障分析。曹春晓深知事关重大，二话没说，马上准备，连夜赶往出事地点。可是孩子怎么办呢？情急之下，他请邻居唐金荣同志帮助做饭，请专业组的鞠静敏同志帮助照顾小孩睡觉，刘立治同志负责白天包括星期天的照管。为了工作，困难再大也要克服，舍小家，顾大家，这是曹春晓一贯的原则。分析结果表明故障与钛合金材料无关。10天后，曹春晓完成了任务才回到家，两个孩子一见到他就一左一右抱着他的腰说："爸爸，我可想你了。"曹春晓高兴地摸着两个孩子的头说："爸爸也想你们呀！"曹春晓连连感谢邻居和专业组同志们几天来的精心照顾，使两个孩子平安、快乐地生活在温暖的友情之中。

参加运 10 飞机研制

1970 年 8 月,国家决定自行研制大型干线客机运 10,当时称为"708 工程"。从 1973 年开始,正式启动运 10 用的涡扇 8 发动机的研制,由上海长征机械厂牵头。根据长征机械厂的委托,由上海钢铁研究所、上海钢铁五厂、北京航空材料研究所、3035 厂、长征机械厂等单位组成"钛合金在长寿命航空发动机上的应用研究"课题组,并与上海重型机械厂、马鞍山钢铁厂等单位紧密协作,共同研制该发动机的 59 种钛合金零件。北京航空材料研究所派出曹春晓和唐龙章等同志参加。1976 年,由北京航空材料研究所、420 厂、长征机械厂、3035 厂、上海钢铁五厂、上海钢研所组成"TC4 钛合金挑选使用小组"。1977 年由上海钢铁五厂、上海钢研所、北京航空材料研究所和长征机械厂等单位组成了"TC4 大锻件质量攻关组"。经过几年的协同作战,紧张攻关,终于研制出了 10 多台涡扇 8 发动机,并经受了试车考验。单台试车最长时间达 1148 小时,还通过了 150 小时的适航性试车。1982 年又装在波音 707 上,通过了 21 小时 46 分、8 个起落的试飞考核。

该发动机的第一至第八级低压压气机盘和叶片,第一、第二级隔套,第一号轴承前支承,第二级封严圈等多种零部件都是用 TC4 合金制成的。单台发动机的 TC4 合金用量为 230 千克,占发动机总重的 11.7%。每台发动机需用 TC4 合金坯料 1 吨多。仅就上海钢铁五厂而言,1974~1979 年,生产交付的各种规格的 TC4 合金盘件和隔套的坯料共 41 个炉号,500 多件,达 20 多吨;各种规格叶片用的棒材共 32 个炉号,30 多吨。如果再加上其他厂家生产的钛合金料,那就更多了,盘件和隔套的坯料共 85 个炉号,叶片用棒材共 95 个炉号。由此可知,涡扇 8 发动机的研制,使我国航空工业的钛用量和冶金工业的钛产量达到了空前的规模,这是 TC4 钛合金在涡扇 8 发动机上应用的第一个特点。

第二个特点是规格大。这是因为大型飞机所用的发动机也较大。例如,第一级风扇盘模锻件的重量高达 110 千克，其坯料约 130 千克；第二级隔套坯料重量也高达 110 千克，像这样大的盘模锻件及隔套坯料，国内还是第一次应用。

第三个特点是使用寿命长，这是民用客机的设计要求所决定的。涡扇 8 发动机的研制把钛合金的应用推进到"长寿命、大规格、高用量"的新阶段。

曹春晓等对钛已付出了多年的"爱"，为了钛的进一步成长，这些"钛迷"们义不容辞地呵护着，精心地照料着。

有一天，一位工人半开玩笑地对曹春晓说："嗨！原来你的父母、兄弟和妹妹都在上海。怪不得上海对你这么有吸引力，隔三岔五就往上海跑，一泡就是好多天。"

曹春晓也半开玩笑地回答说："如果换成你，老婆孩子都在北京，你愿意老往上海跑吗？"

"愿意呀！"这位上海工人拍着胸脯说。

曹春晓索性和他开起玩笑："别吹了，除非你在上海有情人。"

"噢！我知道了。原来你在上海有情人？是不是？"工人也和他开起了玩笑。

"是啊，我的情人这些日子一直在上海。"曹春晓回答得干脆利索。

这位工人大吃一惊："真的吗？能告诉我她是谁吗？"

"当然可以。远在天边，近在眼前。她的名字就叫钛合金。"

这位工人不禁捧腹大笑，继而似有所悟地自言自语："有道理，有道理。"

1980 年 9 月，经过 10 年的艰苦努力，运 10 飞机首航成功。之后又顺利通过了从上海到北京、哈尔滨、乌鲁木齐、广州、昆明、成都、拉萨等地的驻场飞行。

可惜的是，运 10 飞机及其涡扇 8 发动机也像涡扇 6 等发动机的命运一样，又下马了。对曹春晓这样的"航迷"们来说，他们以航空报国为己任，把自己的整个青春和生命都融入到了祖国的航空事业中，他们希望自己不辞辛劳的努力，殚精竭虑的思索，呕心沥血的劳作能变成看得见的成效——中国航空工业的崛起，他们盼望自己培育的蓝天骄子能早日畅游长空。然而，许多事情不是凭良好的愿望和努力就能实现的。这对于日夜拼搏、历尽艰辛，希望早一天能坐上我们自己设计和制造的大型客运飞机的航空科研者们来说是多么大的遗憾啊！

获全国科学大会奖

1977年9月18日，中共中央发出通知，决定在1978年春天召开全国科学大会，会议的主旨是批判"左"的指导思想，制定科技发展规划，动员全国人民向科学技术现代化进军。

1978年3月18日，全国科学大会在人民大会堂举行。全国各地共组成了32个代表团，有5586名代表参加。邓小平作了报告，明确提出"科学技术是生产力"，"四个现代化，关键是科学技术的现代化"，"科技知识分子是工人阶级的一部分"。这个振奋人心的报告，极大地鼓舞了全国的知识分子。

春天来了，这不仅仅是大自然的春天，也是科学的春天，我们整个中华民族的春天。经历了"文革"的10年劫难，我们的科学技术，我们的民族又要走上腾飞复兴的道路了！我们经历了那么长久的冬天，"风刀霜剑严相逼"，但是冬天终究不能阻止春天的来临，正如唐代大诗人白居易描写的那样：日出江花红胜火，春来江水绿如蓝。全国的知识分子，全国的广大人民群众，欢欣鼓舞地迎接春天，跃跃欲试地创造更加绚丽的春天。

在拨乱反正，恢复了党对科学技术的重视，对知识分子的信任、支持和鼓励的政治氛围下，曹春晓等人10多年来呕心沥血的结晶——"TC4钛合金在航空发动机上的应用研究"课题，也得到了国家的认可，获得全国科学大会奖。这使曹春晓及课题组全体成员受到很大鼓舞，他们决心再接再厉、乘胜前进，为航空工业的现代化做出更大的贡献。

AHLT 工艺的诞生

1965~1975 年期间，用于航空发动机压气机盘和风扇盘的以 TC4 为主的钛合金大型锻件，存在一个长期未解决的"老大难"问题，这就是金相组织的不均匀性。即便是采取反复镦、拔（例如三镦两拔、四镦三拔甚至是五镦四拔）的制坯工艺，获得的饼坯或环坯仍经常出现含有粗大晶粒的很不均匀的宏观金相组织（低倍组织），俗称"大花脸"。其粗大低倍组织相应的高倍组织都属于细小的等轴组织，大家常称其为"伪大晶粒"。具有此种金相组织的钛合金材料，其疲劳强度明显低于宏观金相组织均匀细小者，从而影响材料的使用寿命和可靠性。

曹春晓在国外资料中看到钛合金锻造过程中不允许有空烧现象（即加热后不锻造）后，曾怀疑锻件的粗大晶粒可能与"空烧"有关。这是因为我国当时的锻造设备，在开坯拔长的过程中，不可避免地要出现夹钳端那一段坯料的"空烧"。为了搞清楚这一问题，曹春晓在一次铸锭开坯锻造时，特意检验了锻件两端的金相组织，却意外地发现，在 β 相区高温"空烧"的那一端的宏观晶粒组织反而比未经"空烧"的另一端均匀、细小得多。他怀疑会不会是把两端的金相试样弄颠倒了？他苦苦地思考着。进餐时他的心思常常神游到科学迷宫中去而不知饭菜是何味道。妻子和他讲话，他也没有反应，等对他大喊一声时，他才"醒"过来说："你刚才说什么我没听见。"数学家陈景润在苦思如何解开"哥德巴赫猜想"时，走在路上撞到电线杆都不知道，曹春晓这时也进入到了这种痴迷状态。

他又查阅了相关文献，结合以往所学的专业知识，分析这一试验结果，最后得出了"金相试样并未混号，这一重要现象符合科学原理"的初步判断。为了进一步证实他"行而三思"的这一"灵感"，曹春晓把那个宏观金相组织粗大、不均匀的试样重新放入高温炉内"空烧"一次，结果宏观金相组织也变成了小而均匀的晶粒。曹春晓高兴得跳了起来。啊！消除"伪大晶粒"有希望了！至此，曹春晓对这一重要发现以及随之而来的工艺改变和质量提高已深信不疑。喜悦的心情进一步激发了他"行而三思"的积极性。他联想到过去科研实践中发现的另一现象：有些钛合金盘模锻件或锻坯内部的大变形区，呈更加细小均匀的宏观晶粒。再联想到文献中指出的钛合金变形热大和导热性差等特性，曹春晓顿时冒出"二次灵感"：原来盘模锻件或锻坯内部宏观晶粒的细化和均匀化，是由于变形热导致经较低温度（α+β区）大变形的金属迅速升温至β区的结果。这与铸锭开坯锻造的"空烧"有相似之处，但两者之间也存在着差异：铸锭开坯是β区热变形后再在β区"空烧"，而盘模锻件或锻坯内部的大变形区是较低温度（α+β区）热变形后再靠"变形热"升温至β区。

在这些广泛联想和交叉思考的启发下，曹春晓对钛合金的再结晶－相变联合机制有了新的认识，并在工艺路线上产生了如下新思路：如果相继经高温（β区）开坯和低温（α+β区）热变形后重新加热至高温（β区"空烧"或β热变形），岂不是能获得更加均匀细小的宏观晶粒吗？如果要获得细小等轴的显微组织，则可再进行低温（α+β区）的最终热变形。这一新思路构成了高低温交替热变形（高—低—高—低）新技术，并在以后的科研和生产中不断完善和广泛应用。对此，曹春晓深有感触地说："如果当时'行而不思'，则完全可能轻信或片面理解某些国外资料关于'空烧'的观点而放过这一重要现象，也不会联想到过去钛锻件出现的'变形热'现象，那么，一些本来可从这些现象中引发新思路和创立新技术的机会就会失之交臂，遗憾终生。"

"行而三思"获得的新思路还必须通过生产条件下的"三思而行"去验证。于是，从1978年开始，曹春晓作为"TC4钛合金大型锻件的工艺研究"课题负责人与郭超棋、吴恒惕、高扬、鞠静敏、杨春澍、王定华、夏永祥等齐心协力，结合涡扇8发动机大锻件的研制，开展了高低温交替热变形工艺（ＡＨＬＴ工艺）的科研实践。整个科研过程是与上海钢铁五厂朱益藩等紧密合作、共同完成的。当时10年动乱已经结束，知识分子满怀喜悦地迎来了科学的春天。课题组的同志们意气风发地为科研事业而努力奋斗，经过整整3年的拼搏，圆满地完成了课题任务,在生产条件下,证实了高低温交替热变形工艺能有效地解决钛合金大锻件金相组织很不均匀的老大难问题。应该说,这一新工艺,经过多年的孕育,已经在 TC4 合金这棵树上开了花,但由于涡扇 8 发动机的研制随着运 10 飞机的下马而停顿下来,这朵花虽然开了,却暂未结出果来。好在不久后,涡喷 13 发动机上马,通过移花接木,很快在 TC11 钛合金的研制和应用中,结出了硕果(见第八章)。

赴英国考察

在科学春风的吹拂下,航空部和航天部联合组织了"航空材料赴英考察组"。由航天材料研究所和航空材料研究所分管技术的副所长于翘和黄恢元率领,由航天、航空两个研究所的科研人员组成钛合金和复合材料两个分组,在 1978 年 9~10 月,赴英国进行了一个半月的考察。曹春晓被研究所领导点名参加了考察组。

出发前,黄恢元副所长对曹春晓嘱咐道:"你是我们考察组最熟悉钛合金的专业技术人员,你要很好利用这次难得的出国考察机会,把国外的先进技术、

曹春晓(前排左一)随代表团赴英国考察

先进经验尽可能多地吸收过来,以便将来为赶超世界先进水平做出贡献。"

曹春晓牢记领导的嘱托,深感责任重大。他想:国家在经济还相当困难的情况下,仍下决心花那么多钱让我们出去考察,我可要尽心尽力,努力完成任务,不辜负国家和人民的期望和重托啊!

在40多天的考察中,考察组参加了国际航空博览会,穿梭于分散在英国各地的22个厂、所、院、校,包括英国宇航公司的6个飞机制造厂(Kingston, Preston, Warton, Filton, Woodford 和 Chadderton),罗罗公司的3个发动机制造厂(Bristol, Hucknall 和 Barnoldswick),帝国金属工业钛分公司(IMITitanium)的两个半成品冶金厂(Birmingham 和 Swansea),Firth – Derihon 模压公司的两个锻造厂(Sheffield 和 Matlock),高能合金公司(HDA)锻造分公司,两个紧固件公司(Linread 和 Avdel),皇家航空研究院(RAE),5个大学(Leeds, Birmingham, Surrey, Aston 和 Lough borough)。

考察任务十分繁重,日程安排紧张有序。曹春晓始终高度集中精力,细致地观察、聆听、询问和思考。尽管一天下来十分劳累,但一回到住处,他就抓

曹春晓(右三)和代表团成员在英国工厂参观

紧时间整理当天考察到的有价值的技术资料,即使非常疲乏也要坚持做完再休息。

虽然英方各接待单位的态度是友好的,但出于商业利益和技术保密,其计划安排也只能是让你"走马观花"或"隔江看景"。因而,在这个客观条件有限的舞台上,最重要的是发挥自己的主观能动性,演好自己担当的角色,才能取得更多的收获。曹春晓当时已有22年的钛合金研究经验,积累了丰富的专业知识,因此,能从一点一滴的细节中得到重要的启发。例如,在IMI钛分公司的生产现场,曹春晓看到正在先进的数控拉下式快速动作水压机(1800吨,DAVY)上开坯锻制Ti-6Al-4V合金大型棒坯的情景时,立刻注意到他们的锻造工艺与他提出的"控热打钛"工艺是一致的,这也就印证了他所提出的"控热打钛"的合理性、实用性。他又仔细地观察了英国人具体是采用怎样的工艺来进行"控热打钛"的。他看到,正在进行铸锭的第二火或第三火锻造,即正在继续拔长400毫米左右的方坯时,锻造温度目测为950℃左右。虽然设备的压力足够大,但每次的压下量估计仅50毫米左右;设备的打击频率可达120次/分,但现场实测的打击频率仅36次/分。这一切都是通过电脑程序控制完成的。钛合金坯料在整个锻造过程中很少降温,几乎是恒温锻造,这就是说,通过找出压下量和打击频率的最佳工艺参数,可以达到一种理想的"控温打钛"的状态。

又例如,英国在发展自己的钛合金体系中,重点突出高温钛合金的研究和应用。在高温钛合金的研究中,既重视成分创新(如率先用硅来强化),又重视工艺创新(如率先采用β热处理工艺以提高高温蠕变抗力和断裂韧性),这些对曹春晓有很大的启发,使他原本有点模糊的思路变得更加清晰。同时这对于曹春晓以后努力进行高温钛合金研究及工艺创新并取得重要成果无疑也是大有裨益的。

圆满完成赴英考察任务回国后,以曹春晓为主,执笔编写了共130页,10.25万字的《赴英考察钛合金技术报告》。报告共分3个部分,第一部分是概述,包括:对英国钛合金生产应用现状的评估,对英国钛合金发展动向的分析;第二部分包括11个专题:钛合金在英国航空工业中的应用,英国的钛合金系统,钛合金熔炼工艺，钛合金半成品生产工艺，钛合金锻件生产工艺，钛合金铸造工艺，钛合金钣金成形工艺，钛合金焊接工艺，钛合金切削加工工艺，故障分析及质量控制，基础理论的研究；第三部分提出了今后发展我国航空钛合金研究和应用的15条建议。

该技术报告引起了国内航空系统和冶金系统的广泛兴趣，纷纷来函、来电或来人索取。有人反映说："难得看到编写如此认真、内容如此详尽的出国考察技术报告。"有人说："通过报告，我们了解到发达国家在钛合金方面的先进水平，对于我们钛合金的研究、生产、应用有很好的借鉴作用。"有人说："看了报告后，知道了我们与发达国家的差距，我们要努力赶超啊！"还有人说："多年来没有看到过技术含量这么高的出国考察报告。这样的出国考察有现实意义，这样的考察报告有指导意义，值！"许多单位普遍反映，这一报告对他们科研、生产或设计、应用方面的帮助很大，甚至具体到如何进行工艺改进和技术改造，需要订购些什么设备等都有重要的参考价值。

听到这些反映，曹春晓一个多月紧张的奔波考察和回国后一个多月来日夜赶写考察报告所付出的辛劳，也就得到了消解。他想，能为祖国的航空事业做出一份贡献，自己的付出和努力能够得到领导和同志们的肯定，这是多么大的慰藉，多么舒心的事啊！

住院时妻子精心照顾

曹春晓夜以继日地把赴英考察报告赶写出来，终于可以喘一口气了。不料，却出了一件意想不到的事。

一天，吃午饭时，妻子突然发现曹春晓颈部一侧有些肿大，便对他说道："你的脖子右边怎么有些肿大？你照镜子看看。"

曹春晓起身对着镜子仔细一看，果然是这样。

"不疼不痒的，我也没发现，看来是有问题。"

妻子焦急地说："事不迟宜。明天我陪你上医院。"

经检查，医生说是甲状腺肿瘤，良性还是恶性现在不能确诊，须摘除后作切片检查才能定性。癌症"候选人"的阴影顿时笼罩在曹春晓夫妇的心头。妻子张玬联更是紧张、担忧。她四处打听、联系，通过一位亲戚介绍，请当时著名的北大医院的"北京第一刀"李通大夫主刀，得到允应之后，曹春晓于1978年底住入北大医院病房。大夫通报了治疗方案：先将肿瘤摘除，暂不缝合，待切片检查结果出来看，若是良性，就立刻缝合伤口；若是恶性，就需扩大切除范围。由于是局部麻醉，曹春晓头脑很清醒，静静地躺在手术台上等候病理检查报告。他很坦然，因为着急是毫无用处的。当然，紧张、担忧总还是有几分的。大约20多分钟后，护士送来报告说是良性腺瘤，此时，他心中悬着的一块石头才落了下来。

元旦前夕，病人能出院的都回家过新年去了。病房里空荡荡的，只有妻子还陪着曹春晓。曹春晓的同事们看到曹春晓爱人这些天来一直昼夜守护在医院，太累了，劝她回去休息几天，由他们来陪床照顾。但张玬联坚决不同意，她说："你们工作这么忙，放假了也该好好休息啊！我没事。"

其实，手术初愈后，医院就不让张玬联再陪床了。但她不放心，仍偷偷地"赖"在病房。遇到护士要进来时，她就躲到卫生间去，跟她们玩捉迷藏。其实，护士并不是没有发现家属还在，也许是妻子对丈夫的这种深情使她们感动，也就睁只眼闭只眼。张玬联对爱人这种无微不至的呵护、照顾，使曹春晓十分感动。他回顾结婚这20年来，爱妻一直对他问寒问暖，精心照顾，承担了大部分家务，好让他腾出时间来专心向科学进军；工作中遇到困难，她安慰、鼓励他，让他不失继续前进的勇气。他从内心深处感谢妻子对他的全力支持，如果说他科研上取得了一些成绩，那么，军功章啊有他的一半也有妻子的一半。爱情的滋味是什么？也许，酸、甜、苦、辣都有吧。但对曹春晓这个爱情的幸运儿来说，却永远是甜滋滋的。他为今生今世拥有这样一位漂亮、贤慧，始终深深爱着自己的妻子而感到幸福、骄傲。

对于这次得病，有人对他说："可能是前段时间太劳累了吧？别人出国考察哪有像你这样认真的，以后可要多注意自己身体才是。"

曹春晓回答说："谢谢你的关心。但这可能是一种巧合吧，也许出国前就有了病灶。不过，我这个人就是这样，交给的任务我总是要尽力认真地去完成。认真，已成了我的习惯。"

不过，这次患病也给曹春晓敲了一次警钟。他意识到，不仅要认真对待工作和学习，也要认真对待自己的身体。世界上任何事物都是在平衡到不平衡又到新的平衡中反复循环发展的。虽然平衡是相对的，不平衡是绝对的，但如果不平衡的状态持续太久，甚至越来越严重，那就会为之付出代价，甚至导致无法挽救的局面。身体也是这样，如果因劳累过度，使健康的平衡状态被打破，就会出现病态。若是身体垮了，工作和学习也就无从谈起。身体不仅是自己的，也是属于党、属于国家的。因此树立健康第一的理念是非常重要的。在紧张工作的同时，必须注意劳逸结合，必须注意保持健康。

出院后经过适当的调养，曹春晓很快恢复了健康。本来想在1979年初就为《国际航空》杂志写一篇题为《英国钛合金的发展动向和应用前景》的文章，但为了同时认真对待身体，不把弦绷的太紧，也就放缓了进度，直至1980年5月才发表。

在钛国际会议上作报告

1980年5月，在日本京都召开了第四届钛国际会议。曹春晓作为中国金属学会代表团的成员参加了会议。代表团由8人组成。团长是颜鸣皋教授，成员有中国科学院金属研究所钛合金研究室的万晓景主任、东北工业学院的赖祖涵教授等。

京都是个十分美丽的城市，时值日本的国花——樱花盛开的时节，风景更

曹春晓（左一）在日本京都参加第四届钛国际会议与英国代表团成员合影

加秀丽。曹春晓第一次赴国外参加国际会议，而且还要在会上向各国代表宣读他的论文，心情格外阳光，格外自豪。改革开放的头一年他就到英国进行考察，这次又有机会去参加国际会议。改革开放打开了国门，结束了闭关锁国、固步自封的状态，使科技工作者们能够放眼世界，与国外同行们互相学习、交流，这将会使我们在科学技术上逐渐与国际接轨，改变落后状况，迅速赶超世界先进水平。曹春晓从内心赞扬改革开放，深深感谢党和政府为科技工作者提供了在科学战场上一展身手的良好条件。

1976年在莫斯科举行第三届钛国际会议之际，正是一些国家的钛工业处于困难的时期，如日本钛设备的利用率当时还不到60%。而此次京都会议则是在世界钛工业处于空前兴旺、供不应求的形势下召开的。例如，海绵钛的年生产能力，日本从1978年的11400吨猛增到1979年的22500吨，但还不能满足需求；苏联已扩大到35000吨。20世纪70年代末，世界经济普遍受到能源危机、通货膨胀的冲击而衰退，钛工业却反而发达起来，究其原因首推世界航空工业钛用量的迅速增长，同时也因为钛进入了电力站特别是核电站这一重要领域。日本一个核电厂就采用了72648根钛管做海水冷凝器。我国宝山钢铁公司的电厂当时就从日本进口了 100 吨钛管。

第四届钛国际会议正是在这种钛工业走向欣欣向荣的大好形势下召开的。各国代表怀着发展钛工业的热情、探讨钛科学的兴趣聚集一堂，气氛相当热烈。在这种热烈的气氛中，曹春晓在大会上作了题为《β 转变组织形态等组织特征对 Ti-6Al-4V 力学性能的影响》的学术报告。这篇论文可以说是曹春晓等人 15 年来在 Ti-6Al-4V 合金的工艺—组织—性能关系方面研究成果的归纳、提炼和浓缩，并在积累大量组织特征演变规律和力学性能变化数据的基础上提出了独立的学术观点。在当时人们普遍偏重于控制钛合金显微组织中等轴初生 α 含量的情况下，该论文明确提出了"β 转变组织形态往往起着比等轴初生 α 含量更为重要的作用"。此外，人们常常笼统地比较针状 α 和等轴 α 这两大类组织，因而往往出现互相矛盾的结论，而该论文却明确地提出"笼统地比较针状 α 和等轴 α 这两大类金相组织的力学性能是不确切的。对于某一性能（如疲劳性能）来说，在一种条件下针状 α 组织优于等轴 α 组织，而在另一条件下，前者可能近似或劣于后者"。以上这些都是富有创新性的独立见解。

曹春晓执笔的这篇论文在大会报告后，引起了与会各国代表的广泛兴趣，纷纷向曹春晓索要论文复印件。曹春晓虽然带去了不少复印件，但很快就被索取一空。一位美国代表在索取论文复印件时还伸出大拇指赞赏道："你的报告很精彩，我支持你的观点。"

后来，《航空材料》杂志编辑部根据一些读者的反映，特邀请曹春晓将会上发表的英文稿整理成中文稿，发表于该杂志 1981 年的第一卷第一期上。

第八章 TC11 合金研制结出丰硕成果

自力更生　为国争光

运 10 飞机及其发动机涡扇 8 刚下马,涡喷 13 发动机便"高调"上马。1979 年,国防部决定用歼 8 Ⅱ 等新型歼击机装备空军。新型机所用的发动机为涡喷 13 系列,钛合金用量占总结构重量的 13%。这种发动机需要一种耐热温度比 TC4 合金高 100 ℃、拉伸强度比 TC4 高 100MPa 的 TC11 钛合金,用以制造第三至第八级压气机盘、转子叶片和第一至第七级静子叶片。考虑到该合金的研制特别是盘模锻件研制的难度大,为了保证涡喷 13 发动机的研制进度,冶金部和航空工业部联合向上打了报告,拟向国外订购相应的盘模锻件及材料,国家计委为此批了 500 万美元用于向国外订购。

当曹春晓获知将用 500 万美元外汇向国外购买钛合金盘模锻件和材料时,心里有一种难以名状的滋味。是的,为了保证涡喷 13 按期研制成功,为了及时用新机种装备空军,对于 TC11 这种研制难度很大的关键材料,花些外汇向国外购买,也是有一定道理的。但是,500 万美元,在当时可不是一笔小数啊。那时,一斤粮食才一角多人民币。难道我们只能求助洋人而不能自己研制吗?一种为民族争气,为祖国争光的心潮在他的胸中涌动。

自 1978 年全国科学大会召开以来,全国知识分子无不意气风发、斗志昂扬地迎接科学的春天,渴望为祖国的四个现代化、为向科学进军释放出自己的全部能量。他们感到自己似乎又获得了第二次青春,与第一次青春相比,精力同样充沛，豪气不减当年，而技术上、思想上都成熟了许多，他们觉得应该更加珍惜这个第二青春期，使其成为一生中多出成果、报效祖国的黄金时段。曹春晓爱好体育，有空时喜欢看一些体育赛事。当他看到我国体育健儿经过奋力拼搏登上世界冠军宝座，五星红旗在中华人民共和国国歌声中冉冉升起时，那种扬眉吐气的民族自豪感和对小将们勇闯极限的钦佩感就会油然而生。他联想到科技领域的世界性竞赛更为激烈、更为旷日持久的局面，下决心学习中国体育健儿的拼搏精神，在钛合金的世界赛场上为国争光！

此时，航空部材料应用技术处主管曾凡昌同志提出挖掘航空工业系统"三线"专业锻造厂的潜力并与部内外有关单位联合研制 TC11 钛合金盘的建议。曹春晓知道后，觉得真是心灵相通，与他想到一起了。于是，作为钛合金专业组组长，他向有关领导表示了全力支持这一建议的积极态度。这一建议很快得到北京航空材料研究所领导和 15 室王金友主任等的积极支持。在航空部领导的协调下，很快成立了 TC11 钛合金材料、盘模锻件研制的联合课题组，由部内外的贵州安大锻造厂（简称安大厂）、上海钢铁五厂、420 厂、西北工业大学、602 库等单位参加，由北京航空材料研究所负责。

1980 年，该课题正式启动，曹春晓担任总课题负责人，他知道这个课题的难度和风险是相当大的，因其如此，也正是为国争光、贡献才智的好机遇。"明知山有虎，偏向虎山行"，这是曹春晓与生俱来的勇于探索、执着追求的品格的必然外延。为了降低风险度，避免出现重大损失，他决定在上海钢铁五厂投料进行大炉研制前，先搞一个先锋批（即首批）盘模锻件研制。由北京航空材料研究所配料并压制电极，然后在北京有色金属研究总院熔炼成中等尺寸的 TC11 钛合金铸锭（$\Phi 230 \times 1010$ 毫米，170 千克），再在北京航空材料研究所的 3 吨自由锻锤上开坯并反复镦拔成饼材，最后在安大厂的 10 吨模锻锤上锻成涡喷 13 发动机第三和第六级压气机盘模锻件各一个。

这一先锋批研制，很快突破了"模锻成形关"和"组织性能关"，模锻件的形状尺寸、金相组织、力学性能和超声波无损检验结果都达到了预期指标。

1981 年 4 月，曹春晓执笔编写了先锋批盘模锻件研制技术小结。其后，又梳理出一年来顺利完成课题阶段目标的经验和存在的不足。

主要经验有两点：其一，凡事"预则立，不预则废"；其二，"自尊，尊人；自爱，爱人"是理顺团队成员间关系的润滑剂，是激发每个成员积极性的活化剂。

预则立　不预则废

凡事须心中有数，"预则立，不预则废"。怎样锻造出金相组织和力学性能都合格的TC11合金压气机盘呢？在研制TC4合金时，已经创立了一套高低温交替热变形工艺，将它应用于TC11合金上，是不是可行呢？《聊斋志异·陆判》中有言："断鹤续凫，矫作者妄；移花接木，创始者奇。"曹春晓经过分析，将高低温交替热变形工艺这朵花移植到研制TC11合金上来，从原理上讲，应该是可行的，心中有了底，突破TC11的组织性能关就有了几分把握。

曹春晓的这一想法得到了课题组技术骨干高扬等同志的支持，于是，一场紧张的战斗就开始了。由于高低温交替热变形是一种贯穿锻造全过程（从铸锭开坯直到最终模锻）的工艺，因此，先锋批盘件用的TC11合金铸锭一出来，大家就忙着按预定的工艺路线一步一步地锻制坯料。

课题组成员齐心协力，日夜拼搏。同志们不怕苦、不怕累的干劲常常使曹春晓十分感动。例如，用手扶式砂轮打磨钛合金坯料表面的缺陷，这是一个又累又脏的重活苦活。高扬同志加班加点地干，汗水湿透了内衣、外衣，磨屑沾满了身上、脸上。曹春晓劝她休息一会，可她说："没事，我身体好，能顶住。"硬是不下"火线"。曹春晓心想，一位年届43岁的女同志，干起活来比小伙子毫不逊色，真是大家学习的好榜样！另一位技术骨干吴恒惕，颈部曾经受伤而一度瘫痪。刚参加课题时，双手动作还不怎么灵活，但仍积极主动地承担了所内所外的很多工作，不辞辛苦地奔赴贵州等地。先锋批的最终模锻预定在安大厂的10吨锤上进行，锤旁需要配备一台加热钛合金坯料用的大电炉，该厂的顾明梓等同志来回奔波于天津—安顺之间，从订货、运输到安装使用，只花了短短几十天，称得上是高效率、高速度。曹春晓为有这样一些同心同德、奋力拼搏的战友与之共事倍感欣慰，曹春晓感到一个人的力量是很有限的，只有集体的力量才是无比强大的。

这两个先锋批坯料运到安大厂后，很快在10吨锤上模锻成第三和第六级压气机盘。最终检验结果表明，其金相组织细小均匀，力学性能也完全符合技术标准。事实证明，高低温交替热变形工艺同样适用于TC11钛合金。"移花接木"的首次实践大获成功，原来最担心的"组织性能关"就这样顺利地被突破了！曹春晓深深体会到"预则立，不预则废"这一古训的哲理所在。

自尊尊人　自爱爱人

先锋批盘件的研制同时突破"组织性能关"和"模锻成形关"的成功体验，让曹春晓提炼出"自尊尊人；自爱爱人"这一富含哲理的人生箴言。

20世纪60年代和70年代经过TC4钛合金大型课题磨练的曹春晓懂得，对于TC11钛合金这个由部内外的厂、所、院、校联合组成的更大型的课题组，如何让团队的战友们在献身航空、报效祖国的共同目标下，处理好彼此间的各种关系，形成合力，是课题能否圆满完成，特别是"模锻成形关"能否在短时间内被突破的关键所在。正如毛泽东同志所教诲的那样："我们都是来自五湖四海，为了一个共同的革命目标，走到一起来了……一切革命队伍的人都要互相关心，互相爱护，互相帮助。"

安大厂当年的生活条件是极为艰苦的。山沟里的招待所是两栋二层楼的旧房，上厕所要到楼外的一个干厕所。蚊子、苍蝇特多，大个儿的老鼠在楼内外乱窜。曹春晓每当出差来此，拉肚子是常事，黄连素是必带药物。就在这种在今天看来似乎是无法忍受的条件下，曹春晓和本所的高扬、吴恒惕、钱鑫源等同志不畏艰苦，一住就是几个月。他们与安大厂的技术人员、工人一起摸爬滚打，互相尊重、互相爱护、互相信任，形成了良好的人际关系。他们并不以从北京研究所来的专业技术权威自居，而是充分尊重厂方的技术人员和工人师傅，试验方案和工艺路线都事先和厂方人员商讨，并认真听取厂方的意见。他们也常到主人的家里串门闲聊或是讨论工作。他们明白自己的短处（比如缺乏实际经验）和别人的长处（比如富有切合实际的知识）。因此，在现场锻造前，他们经常召开有厂领导、技术人员和工人参加的"三结合"会议，进行技术上的充分沟通、交流，群策群力，共攻难关。课题组当时遇到的一大难题是如何在能量不足的10吨锤上模锻出形状尺寸合格的盘件。从公式计算可知，第三级和第六级盘所需模锻锤的能量分别为42.4吨·米和46.7吨·米左右，而10吨锤最大打击能量的设计数据仅为25吨·米。另据美国设计手册提供的一个实用数据，11吨锤上能模锻的Ti-6Al-4V合金粗锻件的最大投影面积仅0.19平方米。因为TC11的变形抗力大于Ti-6Al-4V，所以TC11合金粗锻件的最大投影面积应更小，而涡喷13第三、第六级盘的投影面积分别为0.265平方米和0.292平方米。显然，要在现有的10吨锤上模锻第三、第六级盘，实属难啃的"硬骨头"。

经过"三结合"的研讨，课题组制定出了突破"模锻成形关"的11条技术措施，其中降低变形抗力的7条措施是：选用有效的润滑剂；缩短出炉至打击的间隔时间；适当加快锤击频率；适当提高模具预热温度；第六级盘增加预锻模；合理选择模具设计参数；在保证组织性能的前提下，适当提高坯料的加热温度。在减少锻件投影面积方面制定了两条措施：通过坯料重量控制等减小毛边宽度；采用环形坯或带孔坯。为用足10吨锤允许的打击能量，也制定了两条措施：保证足够的压缩空气压力（7~8个大气压）；在头几锤中加大打击力度。

由于课题组内部的团结和谐、充分沟通、互相支持和齐心合力，安大厂和北京航空材料研究所有关人员的积极性都被调动起来，特别是当安大厂的职工知道这一科研项目的成功不仅能为增强国防力量做出重大贡献，而且将会对他们厂今后的经营、生存状态有很大改观时，大家的工作热情空前高涨，你想办法，我出主意，甚至连幼儿园、食堂等后勤人员也自觉行动起来，争相做好本职工作，以减少"前线"职工的后顾之忧。

积极性被空前地调动起来，11条综合技术措施被不折不扣地精心执行，奇迹出现了，"硬骨头"终于被啃下来了。中国首批内在组织性能和外在形状尺寸完全符合技术指标要求的涡喷13发动机第三级和第六级压气机盘模锻件，在10吨锤清脆响亮的锤击声中诞生了。领导和职工们纷纷前来庆贺。这好比是一位瘦小体轻的母亲，通过多方的调养，居然生下了一对体重超乎寻常的特胖小子，大家怎能不高兴呢？喜悦和欢乐洋溢在整个厂区。长期以来，航空工业系统所需的盘件等大锻件皆是依赖部外的锻造力量来锻造，像安大厂这样的"三线"锻造厂往往因为锻锤规格较小而不能胜任锻造大锻件的任务。这一次，曹春晓等同志通过与工厂通力合作，攻克难关，用小设备制出了大锻件，开辟了工厂今后承接大锻件任务的道路。长期以来一直渴望能够一展身手的10吨锤终于初露锋芒，打响了第一炮，震醒了冷冷清清处于"冬眠"状态的工厂，整个山沟沸腾了起来。

先锋批研制的成功，得益于研究所的科研人员和工厂的领导、技术人员及工人的精诚合作。在共同目标的指引下，同心同德、互相尊重、互相爱护，是团队消除摩擦力、形成合力的重要纽带。尊重别人，也就是尊重自己，也就会得到别人的尊重；爱护别人，也就是爱护自己，也会得到别人的爱护。如果团队成员都具有这样一种思想境界，就能充分发挥每个人的积极性，就能提高团队的战斗力，就能攻无不克、战无不胜。曹春晓在这一段工作经历中，对此深有感悟，因而，总结提炼出了"自尊尊人，自爱爱人"的人生格言。并认为，这是铸就一个团队和谐、协同作战的精神法宝，是打造一个团队强盛战斗力的力量源泉。一个同心协力、配合默契的团队中，1+1不是等于2，而是等于或大于3；2+3不是等于5而是等于或大于8，这是因为群策群力、优势互补所显示出来的群体效应所致。曹春晓尊重同伴，欣赏他们的优点，并虚心向他们学习。正是这种谦虚、平和，使他具有足够的亲合力，能够团结课题组成员，

在安大厂研制成功TC11钛合金盘模锻件后,曹春晓(左)与工厂技术人员钟天纺、宋素波(中)在车间现场合影

使这个科研群体成为一个具有合作精神的敢打敢拼的精英团队。

在先锋批研制的阶段总结中,曹春晓也察觉到了一些不足之处,主要是在运用高低温交替锻造工艺于TC11合金时,还没有完全搞清楚第一个高温锻造(β锻造)环节和第一个低温锻造($\alpha+\beta$锻造)环节的工艺参数对新β晶粒尺寸的影响规律等问题,为了在以后的批量生产中,使这一新工艺更加成熟,尚需补做一些工艺试验。

当曹春晓把补做一些工艺试验的想法告诉课题组成员时,高扬同志经过认真思考主动提出了一个很好的试验方法,即从一个TC11铸锭的冒口切取30多个Φ40毫米的圆柱体,每个圆柱体的端面焊上一个已拉断作废的钛合金拉伸试样,以作热轧时的夹钳口。然后按30多种不同工艺在北京航空材料研究所的轧机上热轧成棒材。这确实是一种多快好省的创新性试验方法。热轧之后,为了抓紧时间进行科学分析，高扬连夜磨制金相试样，30多个试样竟一夜制备完成。第二天刚上班，当这30多个制备好的金相试样摆在曹春晓面前时，曹春晓不禁为高扬的这种默默奉献的精神深深感动。

曹春晓在各种场合对高扬同志的创新精神和奉献精神表示敬慕的同时，也感觉到了自己在某些方面尚存在不足。

知识分子之间的关系有时会存在一种"文人相轻"的现象。似乎因为自己有那么一点点知识资本，便以自己的长处比别人的短处，看不起别人。曹春晓认为，这种想法是要不得的，应当是"文人相尊"才对。知识分子都有各自的优点，应当互相尊重、互相学习。课题组成员高扬、吴恒惕等非常尊重和信任课题负责人曹春晓。如有的说："一个好汉三个帮，红花要有绿叶扶。我心甘情愿争取当个好助手、好配角。"曹春晓同样尊重和信任课题参加人，他知道自己所起的作用是十分有限的，算不上什么"好汉"或"红花"。他明白，一个优秀的题目参加人所起的作用可以比一个平庸的题目负责人大得多。即便是所谓的"红花"，如果失去了绿叶的滋养，也会很快枯萎的。他一再强调，成绩的取得都是集体努力的结果，他只不过是尽了自己的一份力量而已。他特别尊重高扬同志，并真诚地说："高扬同志不为名、不为利、不怕苦、不怕累，我们长期合作共事，一起做了大量的很有价值的科研工作。如果说我取得了一些成绩的话，那是与高扬同志的重要贡献以及大家的共同努力分不开的。"

由于TC11课题组是一支团结战斗、攻无不克的"突击队"、"尖刀班"，并已取得了关键性的胜利，因此研究所专门召开全所科研人员大会，对TC11课题组进行表彰。大会由胡克所长主持，曹春晓、高扬和吴恒惕均在会上发言，畅谈他们在完成课题任务的攻坚战中，日夜拼搏的艰难历程，公而忘私的牺牲精神，智勇双全的科学态度和团结协同、形成合力的团队意识。

曹春晓在与安大厂的领导干部、技术人员及工人的朝夕相处、并肩战斗中，结下了深厚的友谊。在招待所他的房间里，经常是高朋满座、谈笑风生。他是一个技术上和心灵上的强磁场，在工厂里有着很高的威望。安大厂甚至给予他"荣誉厂民"的称号。曹春晓把安大厂的所在地贵州安顺视为自己的第四故乡

（第一故乡是绍兴，第二故乡是上海，第三故乡是北京），这是有道理的。

在和本所同志及安大厂同志的相处之中，曹春晓更加确信建立真诚友谊的重要基础之一，正是他用以自勉的座右铭：自尊尊人，自爱爱人。

TC11 课题虽已结束 20 多年了，但曹春晓至今仍不忘与研究所内外同仁建立起来的友谊和感情，也永远不会忘记部领导机关曾凡昌等同志以及研究室王金友主任等的鼎力支持和热情帮助。

启动 TC11 合金大炉研制

打响了先锋批第一炮后，紧接着课题组便正式启动大炉研制。时间不等人，必须在最短的时间内完成课题任务，赶上涡喷 13 发动机的试车计划。于是，京沪铁路便成了曹春晓、高扬、吴恒惕、钱鑫源等同志来回奔波的"热线"，上海钢铁五厂成了北京航空材料研究所紧密合作的伙伴、团结战斗的"堡垒"。上海钢铁五厂的朱益藩、周启成、张德昭等课题组成员在攻克大炉研制的技术难关中做出了重要贡献，功不可没。为了攻克 TC11 合金铸锭的"熔炼关"，课题组首先从中间合金下功夫，并在均匀布料上想了许多办法，以避免钼偏析等冶金缺陷的出现。为了控制好合金成份的上下限，又专门熔炼了多个不同配料成分的小型铸锭，进行了锻造和性能对比试验。

上海钢铁五厂熔炼大型钛锭用的自耗电极（由海绵钛和添加的各种合金元素组成），一直是在上海重型机械厂的万吨水压机上压制的。当时，水压机马上要停产大修。如不能赶制出一批电极来，整个研制进度将受到严重影响。于是，上海钢铁五厂研究所所长亲自动员和组织了一次赶制电极的大会战。组织工作有条不紊，各类人员配备齐全，分工明确。通过几个昼夜的紧张战斗，终于完成了既定计划，充分体现了课题组成员既有高度的政治热情又有脚踏实地的科学态度。

第八章 TC11合金研制结出丰硕成果

在熔炼得到合格的大型 TC11 合金铸锭后，如何将高低温交替锻造工艺准确无误地运用到铸锭开坯、棒坯和饼（环）坯的锻造中去，就成为课题成败的关键所在。曹春晓就像一个临战的指挥员，细密地制定出作战计划，并与本所和上海钢铁五厂的课题组成员认真商定了工艺路线和具体操作规范。

由于每个铸锭都要经过很多道工序才能走完高低温交替锻造工艺全过程而锻成饼（环）坯，因此需要连续作战好多天才能把五台份饼（环）坯锻制出来。为了保证每个炉号的铸锭都能严格按照预定的高低温交替锻造工艺具体规范来加工，曹春晓和课题组成员夜以继日地跟班在车间的锻造现场，并对每个环节作认真细致的检查和记录。认真和严谨是曹春晓多年来养成的科研习惯。在此关键时刻，更容不得一点马虎，出一点差错。眼睛熬红了、干涩了，闭眼休息一会，继续坚持；瞌睡撑不下去了，就在加热炉旁打个盹。最长的一次，曹春晓曾连续 50 多个小时守在现场而没有回招待所睡觉。因为他知道，这批料如果出了问题，不仅经济上要遭受重大损失，更严重的是会延误型号任务。如重新投料熔炼直到锻成饼（环）坯，需要很长时间，那就不能满足发动机装机试车的进度要求，无法保证两个新型歼击机的急需。

公而忘私　令人感动

天有不测风云，人有旦夕祸福。正在连续作战的紧要关头，曹春晓接到了哥哥打来的电话，说父亲病重住院，让他赶快去看看。他想，从吴淞区的上海钢铁五厂到卢湾区的医院，坐车得走一个多小时，来回至少得三个小时，他不能离开科研现场这么久，就告诉哥哥："现在是科研关键时刻，不能脱身，等试验告一段落就去。"过了几天，哥哥又来电话说父亲病情恶化，让他务必抽空去一趟。他还是说，现在离不开，等一等吧。过了两天，哥哥又来电话说，医院已经下了病危通知，父亲已被送到重症监护室，再不来见上一面，可就会遗憾终生啊！曹春晓回答说："好的，试验马上就结束，试验一结束，我立刻就去。"

哥哥的几次电话在他的心里激起了波澜，回忆起自童年时父亲对他的关爱、教育和培养。要不是父亲的支持，他上不了南洋模范中学和上海交通大学，也不会像今天这样在他钟爱的科学迷宫中畅游，实现自己航空报国的理想。他是个很重亲情的人，在父亲病危的时刻，他何尝不想去看望、守护，尽一份孝心，至少也得在父亲弥留之际见上一面！可是，现在的研制工作关系着发动机的试制计划和新型歼击机的急需，容不得他抽身！自古忠孝难以两全。为了振兴航空，为了报效祖国，他只能将亲情放在第二位。但他很快察觉到自己虽然人留在科研现场，可是心仍是不能平静。这种分心的状态可能会贻误工作。于是，立即提醒自己：暂时忘掉小家，专心致志地投入工作。在自己总结的"三勤三善"的人生座右铭中，不是要"善自控"吗？在这个时候，尤其要注意控制自己、战胜自己。曹春晓很快控制住了自己的情绪，集中精力继续奋斗在科研现场。

直到锻完最后一个饼（环）坯，曹春晓才急匆匆地赶到医院。可是，此时父亲已经与世长辞。他不禁潸然泪下，为自己在父亲临终前没能见上最后一面而深感内疚。上海钢铁五厂的同志们知道此事后，被北京来的这位专家如此公而忘私的精神深深感动，派专人参加了追悼会，并送了一个很大的花圈。

解决新型歼击机急需

其后不久，这批饼（环）坯的质量检验结果出来了，金相组织完全符合要求，长期以来出现的"大花脸"之类的组织很不均匀的关键问题已很好地得到解决，高低温交替锻造工艺用于工程化生产获得了成功。

紧接着，这一批饼（环）坯被运至安大厂。全厂上下争分夺秒地投入战斗，饼（环）坯一到哪里，哪里就通行无阻地大开绿灯。在先锋批盘模锻件的研制中，该厂已积累了经验,因此,很快就完成了 5 台份涡喷 13 发动机第三至第八级压气机盘模锻件的研制任务。金相组织、力学性能和超声波无损检验的结果均相当理想,其中一些关键力学性能(高温蠕变抗力、热稳定性等)还超过了国外同类产品的水平。英国罗罗公司的专家看到盘模锻件径向剖面的低倍金相组织是如此均匀细小时,曾伸出大拇指给予好评。

这一科研成果不仅在技术上达到了国际先进水平,而且创造了重大的社会效益和经济效益。

研制成功的 TC11 钛合金涡喷 13 发动机压气机转子部件

从上海钢铁五厂投料熔炼开始到锻出钛盘,实际上只用了一年左右的时间。当 420 厂正在为 TC11 钛盘紧急缺料,眼看就要延误涡喷 13 发动机总计划进度而万分焦急时,联合课题组夜以继日研制出来的 5 台份钛盘锻件像及时雨似的送到了他们面前。该厂领导激动地说:"你们真是雪中送炭啊!解决了军机研制的急需。"在得知课题组同志们一年来马不停蹄、日夜奋战的艰辛历程后,厂领导感动地说:"你们辛苦了,太感谢你们了。"

由于课题组及时送上了涡喷 13 发动机的关键部件,使该发动机按计划顺利地通过了长期试车,并为其后不久的歼 8 Ⅱ 和另一新型歼击机的首飞成功做出了重要贡献。

由于 TC11 钛合金具有优良的综合性能和工程化生产应用方面的成熟性,自研发成功至今的 20 多年中,不仅大批量地应用于涡喷 13 发动机,而且推广应用到昆仑、涡扇 9 等发动机，成为我国军工系统用量最大的一种钛合金。

我国钛的矿藏量相当丰富，约占世界的一半。该成果对这一宝贵资源的充分开发、利用，对国防建设和经济建设，无疑是大有裨益的。

这一成果还对我国钛合金航空锻件出口至欧美等国起到了积极的促进作用。例如，红原铸锻厂曾向波音公司出口飞机用钛合金锻件，安大厂也已成为英国罗罗公司、美国 GE 公司等世界级航空发动机制造商的钛合金锻件供应商。

由于课题及时解决了国产涡喷 13 系列发动机的急需，国家准备用于向国外购买同类产品的 500 万美元外汇被节省了下来。另外，原来准备用于新建一条生产线的 621 万元国内投资，由于挖掘了现有工厂的设备潜力已不再需要。1981~1985 年期间，航空部内锻造厂钛件的产值就增加了 3000 万元，新增利税 240 多万元。

由于该课题的先进技术水平和工艺上的重大突破，特别是高低温交替热变形技术的创立，解决了两种新型航空发动机的急需，为两种新型歼击机的首飞成功立下了汗马功劳，为空军装备的更新换代做出了重要贡献。在技术上，推动了钛合金领域科技的进步，提高了我国在钛合金方面的国际地位，令国外同行刮目相看。

由于上述重大的社会效益和经济效益，该课题以高低温交替热变形工艺为核心技术的创新性成果，获得 1987 年度国家科技进步一等奖，曹春晓为第一完成人。

另外，TC11 课题还相应地制定了成套的具有先进性、合理性、可行性的三份技术标准。其中两个最关键的质控标准（金相和探伤标准）与国际先进水平相当。特别是低倍（1 倍）和高倍（500 倍）金相组织标准，是在积累大量试验数据和实践经验的基础上制定出来的具有我国特色的创新性标准。该成套标准得到了有关专家和技术人员的充分肯定，获得了航空工业部重大科技一等奖。

可信赖的"法官"

以 TC11 和 TC4 为代表的钛合金的金相组织五花八门、千变万化。只有对钛合金的工艺—组织—性能关系融会贯通的技术专家才能熟练地掌握金相标准,不同的人对同一金相组织是否符合标准,往往会有不同的理解和判断。这样的事常会发生在供求双方之间,供应方认为合格,需求方可能认为不合格,并且谁也说服不了谁,怎么办呢?只得请一位双方都信赖的技术权威来当"法官"。而曹春晓就常常被请去当这样的技术权威"法官"。例如,南方某工厂有一次进了17个炉号的钛合金棒材,在验货时发生争议。于是,不远千里地请曹春晓裁定。曹春晓凭着自己丰富的经验和认真细致的作风,做出了令人信服的仲裁:7个炉号不合格,其余10个炉号可以投入使用。这既保证了使用可靠性,又挽救了价值几十万元的钛材。供求双方心服口服,均感满意。有人说:"曹春晓不愧是个钛合金专家,只要给他一张金相照片,他就能判定其性能的好坏,而且还能说出它是在怎样的工艺条件下产生的。"

这样的专家名副其实。

曹春晓正在认真观察判断钛合金的显微组织

两个战场双双获胜

TC11 合金材料和盘模锻件研制的主战场是运用高低温交替锻造工艺路线获取优质的锻件,即从铸锭开坯直到最终模锻成盘的全过程中,锻造温度经历"高—低—高—低"(β 锻造—α+β 锻造—β 锻造或 β 热处理—α+β 锻造)的交替变换,其最终模锻前的加热温度较低,通常控制在 β 相变点以下 30~60℃,也是常规 α+β 锻造的温度范围。常规 α+β 锻造的产品,其金相组织中的等轴初生 α 含量通常为 30%~80%。这是长期以来国内外钛合金产品所要求的传统的金相组织,也正是我国 TC11 合金研制所要求的。

大型联合课题组在集中主要兵力投入主战场的同时,还开辟了第二战场——高温形变强韧化工艺的研究。即最终模锻前加热温度提高至 β 相变以下 15℃左右,模锻后锻件三重退火中的第一次退火温度则控制在 β 相变以下 30~50℃,从而使锻件获得所要求的特定金相组织,他们把它取名为"三态组织",即等轴初生 α、条状初生 α 和 β 转变组织这三种形态。其中,等轴初生 α 的含量通常在 5%~20% 之间。这种三态组织与常规 α+β 锻造所获得的金相组织相比,具有更高的蠕变抗力、持久强度和断裂韧性等力学性能,同时能降低模锻时的变形抗力而有利于金属的流动充填。该高温形变强韧化工艺对加热炉的炉膛温度均匀性和温度控制的精确性提出了更高的要求。这在推广应用中可能会受到某些限制。

第二战场的战役同样是在航空工业部的大力支持下开展的,并在 606 所自主设计的新型发动机上,成功地应用了采用高温形变强韧化工艺制造的 TC11 合金压气机盘。

TC11 合金大型联合课题组中,各成员单位本着齐心协力、各有侧重、互相支持、互相配合的原则,同舟共济、全力奋战,使两个战场的战斗同时取得了胜利。由北京航空材料研究所牵头的主战场——"TC11 合金材料和盘模锻件的工艺研究"获得国家科技进步一等奖,曹春晓是第一完成人;由西北工业大学牵头的第二战场——"α+β型钛合金高温形变强韧化工艺研究"先后获得全国发明展览金牌(1986年)、国防专利(1987年)、陕西省金奖专利(1992年)和国家发明三等奖(1993年),曹春晓是第四发明人。1985~1992年,该发明已用于成批生产昆仑发动机TC11合金高压压气机盘141件。在该发明中,曹春晓的主要贡献是提出了一种可保证最终获得"三态组织"的热处理规范(双重高温退火加低温退火)。

首创 BRCT 热处理工艺

在TC11合金科研成果获得1983年度航空工业部科技进步一等奖后,TC11合金声名大振。1984年航空工业部科技局下达了第357号文件,根据该文件精神,在部科技局、飞机局的领导下和驻凌云公司军代表的支持下,北京航空材料研究所与011基地第一设计所、安大厂、贵州航空工业总公司、130厂、上海钢铁五厂、602库紧密合作,以歼7型机减速伞舱梁为应用典型零件,进一步开展了TC11合金的应用研究工作。曹春晓担任了该课题的负责人,主要参加人有:吴海龄、应志毅、徐孝勤、夏宝智、周啟成、蒋凯雁等,北京航空材料研究所参加人还有高扬、李学明、马济民、孙育峰等。虽然这不是国家下达的大项目,经费也很少,但本着为设计所等兄弟单位服务,为改进空军装备服务的信念,曹春晓欣然接受了这一任务。

但这一课题应该怎么搞呢?TC11已是成熟的合金材料,将其用于伞舱梁,只不过是因形状不同,改变一下压制工艺而已,创新性不高。多年来在他身上形成的强烈的创新欲使他思考:怎样赋予课题更多的创新元素,怎样利用这一课题探寻解决现存问题的途径,使这一课题获得更高科技含量的开拓性成果。曹春晓想呀,想呀,突然冒出了一个灵感。

当飞机设计师们逐渐明白航空材料的优劣不仅取决于强度、刚度和密度，而且还取决于断裂韧性、疲劳裂纹扩展速率的时候，才发现原来那些高强度的材料往往只有较低的断裂韧性和很高的裂纹扩展速率，不少飞行事故的发生不是由于材料强度或刚度过低，而是由于断裂韧性太低或裂纹扩展速率太高所致。于是飞机设计师们不得不放弃某些高强钛合金而重新起用一些强度较低但断裂韧性较高、裂纹扩展速率较低的材料，真是鱼与熊掌不可兼得。20多年来，美俄等国投入大量人力财力去寻找兼有高强度、高刚性、高韧性、低裂纹扩展速率、低密度的钛合金，但迄今为止，结果仍不尽如人意。

曹春晓萌生了一个念头：能否独辟蹊径，通过新的工艺达到兼有"鱼与熊掌"的目的呢？在长期积累的知识经验基础上，他提出了一种崭新的热处理工艺——BRCT工艺。这一想法很快与飞机设计所取得共识，正式签订了合作协议。具有创新性的BRCT热处理技术被定为该项目进行对比研究的两大技术方案之一（第一方案是常规的α+β热处理技术）。经过两年左右的共同努力，只花了很少经费就研制成功了采用BRCT热处理技术的TC11合金伞舱梁。这种崭新的热处理工艺，使TC11合金如虎添翼，变成了独树一帜的兼有"四高二低"（高温、高强、高韧、高刚性、低密度、低裂纹扩展速率）特性的钛合金，其中，高强度、高刚性、低密度是原本具有的特性，而高温、高韧度、低裂纹扩展速率则是通过BRCT热处理技术获得的新特性。

歼教7、歼7Ⅱ等歼7系列飞机，后机身超重是设计使用中的一个头疼问题。为了保证飞机性能，不得不在机头部位加上配重，这使飞机又增加了自重，若要去掉这些"赘肉"，使飞机减肥，只能想办法减轻后机身的重量。伞舱梁是后机身的重要承力件。若能用体轻质坚的TC11合金取代原来的30CrMnSiA高强度钢，在减轻飞机结构重量上，必能收到事半功倍的效果。采用BRCT热处理工艺研制的减速伞舱梁成功地经受了120%设计最大载荷的静力试验后，装在一架歼7Ⅱ飞机上使用，至1993年7月29日为止，已成功地经受了620小时（共861次起落）的飞行考验。事实上，其后仍一直在继续使用。

第八章　TC11合金研制结出丰硕成果

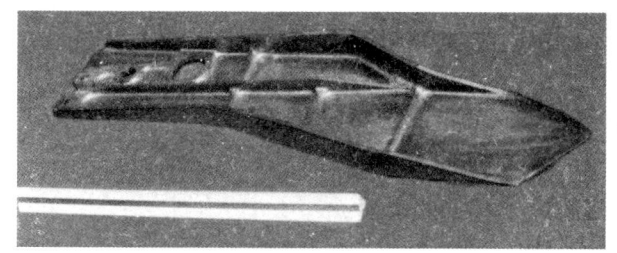

经BRCT热处理的TC11钛合金伞舱梁

曹春晓（左三）与011基地第二设计所的课题组
成员在已装上TC11钛合金伞舱梁的歼教7飞机前合影

　　BRCT工艺也属于β热处理范畴，但由于其相变模式比国外的β热处理工艺有所改进，因此得到了更好的β转变组织形态和综合性能。该新型β热处理工艺优于美国、英国等国的β热处理工艺，可获得高得多的疲劳强度和拉伸塑性。

　　1994年11月，中国航空工业总公司科技局主持召开了该成果的鉴定会。鉴定委员会一致通过的技术鉴定中指出："TC11合金BRCT热处理工艺，由于控制了冷速和优化了显微组织，显著地提高了合金的断裂韧性和减慢了疲劳裂纹扩展速率，同时也显著提高了蠕变抗力（相应提高20~40℃工作温度），使TC11这一高温钛合金扩展到高强高韧钛合金的应用领域。这是在中俄等国广泛应用的TC11钛合金领域内的重要突破和创新，并处于领先地位，具有重要的技术经济意义。项目通过对材料断裂机制的研究，采用了 BRCT 热处理工艺，改善和优化了显微组织，从而较好地解决了传统 β 热处理工艺固有的 β 脆性问题，使合金室温塑性得到明显改善，呈现延性断裂特征。这一成果具有重要的理论意义和实用价值。"

此新工艺获 1995 年度国家发明三等奖，曹春晓是第一发明人。

这个课题的产生和发展是有其历史渊源的。早在 1963 年，曹春晓就和唐龙章、李光远联合发表了题为《α+β 钛合金 β 脆性产生和消失的塑性变形条件》的论文。当时国内外学者普遍认为，α+β 钛合金在 β 区加热后冷却至室温所产生的魏氏体组织均呈现 β 脆性，即拉伸塑料很低，拉伸断口呈脆性特征，这种脆性只能通过塑性变形才能消失。

从小就爱思考、爱琢磨问题的曹春晓，闪过一个念头：难道 β 脆性真的就只能通过塑性变形来消除吗？如果用简单得多的热处理，能消除吗？这个想法在以后的 20 多年里一直萦绕在他的脑中。1982 年初，曹春晓收了第一个硕士生蒋凯雁，可以说是他的大弟子。曹春晓建议蒋凯雁的硕士学位论文就是研究钛合金的 β 热处理和 β 脆性。BRCT 热处理工艺的构思就是在该论文较系统、深入的研究基础上提出来的。师生俩当时还用英文撰写了一篇论文发表在 1985 年出版的一个刊物上，中文题为《α-β 钛合金拉伸变形、断裂特征和 β 脆性的研究》。

成人之美

该课题即将结束之际，在蒋凯雁身上发生了一件无心种花花自开的小故事。故事要从一位靓丽的上海姑娘说起，她叫杨昭，是上海钢铁五厂研究所从事钛合金研发的女孩。曹春晓在上海钢铁五厂合作研制 TC11 合金时结识了她。由于工作关系和性格相合，他们很快就成了忘年之交。从 1984 年开始，北京航空材料研究所与上海钢铁五厂等单位合作开展 TB6 高强高韧钛合金研制与应用研究，杨昭是该课题的参加人，经常到北京出差。有一次，杨昭出差来北京航空材料研究所，见到曹春晓时，蒋凯雁也正好在场，曹春晓礼貌地为双方都作了介绍。时隔不久，有人告诉曹春晓：蒋凯雁和杨昭正在相恋呢！很快，他俩跟曹春晓说明了此事，并且感谢他：是因为他，他俩才有这个相遇相知的机遇和缘分。曹春晓觉得这是件好事，他俩挺般配的，但他没想到立这个"项"，可是人家自己"研发"了这一爱情课题，并且很快就取得了成果，这正是：无心种花花自开。曹春晓一面祝贺他们，一面半开玩笑地说道："好啊，你俩发展如此神速，是不是因为帅哥见靓女，玉女遇金童，一见钟情啊？"他俩只是羞涩地笑着，脸上写满了幸福。曹春晓接着对杨昭说："你可不能把小蒋'挖'走啊！他可是我的得意门生和有力助手，很多工作等着他去做呢。我不会将小蒋恭手奉送的，你可要准备调来北京啊！"

过了一段时间，小蒋找到曹春晓老师，说他也不想离开北京航空材料研究所，师徒间的感情也很深，他的父母也在北京，但问题是杨昭不太可能来京，上海的同济大学已同意他去学校工作，因此，恳请曹老师放他离所，调往上海。曹春晓心里非常矛盾，从工作出发，他是不愿意自己的大弟子刚出道就抽身而去。然而，设身处地为这对年轻人着想，他又怎能忍心为难他们，阻止他们奔向幸福呢？曹春晓琢磨两天后，决定成人之美，同意小蒋调动，并向有关部门做了一些促进工作。于是，蒋凯雁很快就调至上海同济大学，有情人终成眷属。之后，蒋凯雁夫妇有了一个活泼可爱的女儿，一直过着夫妻恩爱的甜蜜生活。曹春晓为他们高兴，与他们之间始终保持着真诚的友谊。每次出差上海，只要他俩知晓，就一定会请他相聚共餐。曹春晓有了小孙子后，他俩还特地送了一套漂亮的童装来。

同志真情

当 TC11 课题尚未完全结束时,曹春晓的爱人张珃联骑自行车去菜市场买菜,为避让一辆卡车不幸摔伤,经医院诊断为小腿的胫骨折断。课题组成员高扬获悉后,亲自做了一副很像样的还可用螺栓调整高度的木质拐杖送到家里,这使曹春晓夫妇非常感动。这不仅是因为她手艺高超,能做出这么好的木工活来,更因为她那一贯关心别人、常常给同志送温暖的热心肠。这副拐杖不仅帮助了曹春晓的妻子,其后也帮助过其他的许多同志。妻子的腿伤痊愈之后,只要听说谁伤了腿,走不了路时,他们就把这副凝聚着同志友情的非同寻常的拐杖送去。拐杖的传递,也就是爱心的传递。高扬不仅是科研工作的能人好手,而且是助

钛合金研究室老同志合影(左起:唐龙章、张荣顺、高扬、张志芳、杨春澍、曹春晓、傅作义、王金友、吴冰、吴恒惕、刘振瀛、马济民)

人为乐的楷模。她对同志的关心、爱护，她的直率、坦荡、仗义执言，在航空材料研究院是有口皆碑的。因此，她不仅当选过全国妇联执委和全国三八红旗手，而且在退休后仍然连续当选为海淀区和北京市人大代表。现已71岁的她，仍在不辞辛劳地担任着北京市人大代表，在家中接待前来反映意见的职工群众，并经常坐公交车奔波于环山村和市、区有关部门。她的高尚品质感染了曹春晓，给他增添了前进的精神动力。

第九章　向 550℃ 高温钛合金进军

继续发扬大协作精神

随着一些更先进的航空发动机的发展，高压压气机的工作温度越来越高。TC4 和 TC11 钛合金只能分别满足 400℃ 和 500℃ 以下工作的零部件的要求。后段高压压气机的工作温度已超过 500℃，不得不选用耐热钢或镍基合金制造叶片、盘和鼓筒等零件。为了进一步减轻发动机重量、提高发动机的推重比，就迫切需要研制一种能耐更高温度的新型钛合金。

沈阳的中国科学院金属研究所李东研究员等针对沈阳 606 所设计的昆仑发动机提出的要求，自主创新，初步研究成功了能耐 550℃ 高温的钛合金（Ti-55），并主动建议与北京航空材料研究所曹春晓等联合开展 Ti-55 合金研制及应用研究。这一建议得到了中国科学院军工办、航空工业部科技局等有关领导部门的支持。根据国家计委和国防科工委下达的国家"七五"、"八五"计划，由中国科学院金属研究所、北京航空材料研究所、宝鸡有色金属加工厂、安大厂、606 所、430 厂组成了联合课题组。材料研制由中国科学院金属研究所牵头，宝鸡有色金属加工厂、北京航空材料研究所参加；应用研究由北京航空材料研究所牵头，606 所、安大厂、430 厂、中国科学院金属研究所、宝鸡有色金属加工厂参加。于是，从 1986 年开始，曹春晓作为"550℃ 高温钛合金的应用研究"课题负责人和材料研制的参加人，又开辟了新的战场，投入到新的战斗中。

为了加强该重点项目的研究力量，北京航空材料研究所 15 室主任马济民研究员也作为应用研究课题的负责人之一与曹春晓一起主持该预研项目的开展,主要参加人还有高扬、孙福生、杜娟、郝孟一、王定华等。

Ti-55 合金不同于国外同类合金的最主要的特点是在 Ti-Al-Sn-Zr-Mo-Si 系

1991年10月,曹春晓在550℃高温钛合金(Ti-55)
转子叶片装机评审会上做报告

550℃高温钛合金(Ti-55)联合课题组成员与参加叶片装机评审会的领导
和专家合影(曹春晓坐在二排左二)

合金中添加了稀土元素钕（Nd），钕在细化晶粒、净化晶界、稳定组织、提高抗氧化性等方面显示了良好的作用。与国际上同类合金相比，在热稳定性与蠕变性能的匹配方面都表现了一定的优势。因此，该成果获得了发明专利。

中国科学院金属研究所是我国钛合金领域的主要科研单位之一。Ti-55是北京航空材料研究所与中国科学院金属研究所正式合作的第一个钛合金研究项目。曹春晓非常重视这次合作，试图通过这次合作，充分发挥全国钛合金科研力量包括基础理论、合金研发、加工制备和应用研究等不同学科单位的作用，继续探寻一条在更大的范围内，互相学习、互相尊重、紧密协作、同进共赢的路子。曹春晓在TC4和TC11两个钛合金大型联合课题组的实践中，深刻体会到了只有大联合、大协作，才能使科研攻关事半功倍，他下定决心通过Ti-55合金的研制和应用，使已经取得的经验更加丰富、更加完善，更好更快地促进我国钛合金事业和航空工业的蓬勃发展。

使用"组合拳"破解难题

Ti-55高温钛合金研制及其应用研究的首要技术难题是解决550℃下蠕变抗力与热稳定性之间的矛盾。以当时的技术水平，同时达到蠕变抗力与热稳定性的技术指标是件非常困难的事，往往前者达标了，后者不合格，后者合格了，前者又不达标，很难兼顾。课题组首先从合金化入手解决这一难题。一方面，在合金中添加稀土元素钕，通过钕的内氧化作用，使合金基体中的氧和锡原子向稀土相转移，对Ti_3X相析出起到抑制作用从而改善稳定性。形成的稀土相又能起到强化作用而改善蠕变抗力。钕还对合金在高温下形成的氧化膜起到晶粒细化的作用，从而进一步改善热稳定性。另一方面，通过合金的电子浓度对Ti_3X相形成的影响规律的研究，给出了高温钛合金热稳定性的判据，即电子浓度超过某一数值后，在高温下长期工作时，将会析出过多的Ti_3X相而变脆。根据试验数据，规定了合金的电子浓度为 2.120~2.146。这一具有创新性的判定热稳定性的可行方法有助于合金配料成分的科学控制，以使蠕变抗力和热稳定性同时达标。

课题组通过 8 年的攻关，突破了 8 大关键技术。

(1) 成功地将已应用于 α+β 钛合金（TC4、TC11）的高低温交替热变形工艺移植至近 α 钛合金 Ti-55，保证了盘件金相组织的均匀性，有效地提高了盘件的室温拉伸强度、550℃拉伸强度、冲击韧性、550℃持久性能、低周疲劳寿命和高周疲劳强度。

(2) 创立了在国内外尚无先例的急冷式 β 模锻技术工艺。由于采用了 β 模锻和锻后急冷工艺，使 Ti-55 合金盘在具有良好拉伸性能的情况下，显著地提高了高温持久强度、蠕变抗力、断裂韧性和冲击韧性等力学性能，而且使盘件超声波检验的杂波显著降低，从而提高了超声波检验的可探性和使用的可靠性。

(3) 创立了三重式 α+β 热处理技术。β 模锻盘的热处理工艺试验表明，与二重式 α+β 热处理相比，三重式 α+β 热处理技术具有更高的拉伸强度和高温持久性能，从而减少了大锻件拉伸强度的下降幅度，保证了更好的综合性能。该技术的另一创新点是把热处理与盘件的切边、校正巧妙地结合起来，提高了生产率，节省了能源，降低了成本，减少了气体污染。

(4) 采用了以双面车和轴向定位为核心的切削技术。昆仑发动机第六级盘和第五/六级鼓筒均属大尺寸薄壁零件，盘的幅板厚度为 2.45 毫米，尺寸公差 ±0.05 毫米，且薄壁分布面积大（Φ463 毫米），鼓筒的最薄处只有 $1.2^{+0}_{-0.1}$ 毫米，关键部位形状复杂，尺寸公差要求很严。同时，弹性变形大又是钛合金的共性，因此如何保证薄壁零件的尺寸公差是个难题。课题组采用了双面车削、轴向定位装夹、合理选用切削参数、增加检验修复基准的次数以及精车前真空退火消除应力等综合措施，有效地解决了这一技术难题。

(5) 采用大变形量 β 轧的轧棒技术。该技术的关键是 β 轧前棒坯应在 α+β 区有一定变形量，β 轧时应在 α+β 区有大变形量。前者是为了获得细

小的 β 晶粒尺寸,而后者则为最终叶片精锻件获得均匀细小的双态显微组织（可相应地获得优良的综合性能）奠定基础。

(6) 采用了叶片精锻技术（含中温挤杆技术）。Ti-55 合金叶片精锻是一个难度大、影响因素多、技术含量高的综合技术。课题组对精锻工艺的每一个环节（模具设计、润滑剂选用、挤杆、镦头、预锻、终锻、校正等）都作了系统的试验研究，选择了最佳工艺参数。既保证了叶片的组织性能，又在加工余量、尺寸精度等方面达到了国外同类精锻件的工艺水平。在叶片精锻全过程中，有个挤杆工序。一开始，挤杆时总是出现裂纹。按照常理，提高挤压温度可以增加工艺塑性，塑性增加了，应当可以避免出现裂纹。但这脾气古怪的高温钛合金却偏偏不听"常理"的指挥棒。驯服不了怎么办？来个反其道而行之。于是，课题组把挤压温度降至中温(远低于 β 相变点)。果然，裂纹没有了，难题破解了！课题组将此具有新意的工艺称为中温挤杆技术。

(7) 采用了真空近 β 热处理技术。原来叶片采用的是真空 β 热处理技术，由于在真空炉内很难做到一炉批的所有叶片都具有合乎要求的冷却速度，因而出现了高周疲劳强度太低的技术难题。后来改用了近 β 热处理工艺，获得了具有优良综合性能的双态显微组织。在保持足够的高温持久性能的前提下，改善了拉伸性能，显著提高了高周疲劳强度。对于转子叶片来说，高周疲劳性能是非常关键的一项性能。

(8) 加强了以超声波检验为重点的质控技术。由于 Ti-55 是一种自主创新的国内外第一个含钕的高温合金，因此，在整个研制和应用研究过程中，曹春晓特别重视以超声波检验为重点的质控技术。他始终关注钛合金中添加钕后会出现哪些特殊问题，例如是否会出现与钕相关的冶金缺陷以及钕化物颗粒的具体特征和状态会带来些什么新问题等。以盘和鼓筒为例，在饼（环）坯→模锻件→零件等阶段，都进行了 100% 的超声波检验。零件阶段还进行了 100% 的 X 光检验、表面腐蚀检验和萤光检验，并对盘的关键部位测定了表面残余应力。此外，在饼（环）坯和盘模锻件解剖件的金相组织检验中，特别关注了钕化物颗粒的状态和特征。上述严格的质控技术，保证了 Ti-55

合金盘件、鼓筒和叶片的质量和使用可靠性。

为了进一步保证安全性，在装机试车前，还认真地进行了多方面的试验研究。首先，针对这一含富钕稀土相的高温钛合金，开展了强化机制、疲劳断裂特性、稀土相在拉伸形变和疲劳试验过程中的行为等方面的基础研究工作，为 Ti-55 合金的使用可靠性提供了理论依据；其次，较全面地测定了盘件的低周疲劳、高周疲劳、断裂韧性、裂纹扩展速率、蠕变等与设计使用和安全性密切相关的应用性能；第三，按照昆仑发动机型号规范的要求，成功地通过了第六级盘和第五/六级鼓筒的超转、破裂和低循环疲劳等 3 项重要的考核试验；第四，第五级和第六级转子叶片分别通过了振动疲劳的考核试验，疲劳强度（大于 10^7 周）分别达到 500MPa 和 527MPa 的高水平。

通过以上多方位多层次的"组合拳"，一个个难题被破解，一道道难关被突破，课题任务圆满完成。1995 年 6 月，通过了装机评审。1995~1996 年期间，装在昆仑发动机上的第六级压气机盘，第五/六级鼓筒，第五和第六级转子叶片均成功地经受了长期试车的考验。

550℃高温钛合金盘及鼓筒件（左）、盘和叶片组合件（右）

课题双双获奖

1996年1月22日，在中国科学院军工办及中国有色金属总公司军工办的主持下，组成了以师昌绪院士为主任的鉴定委员会，对"Ti-55高温钛合金研制"课题进行鉴定并获得通过。鉴定意见指出："自行设计和研制的Ti-55高温钛合金，以电子浓度为热稳定性判据的合金设计理论及加稀土钕的合金体系的建立具有独创性，属国际领先水平。合金性能指标和实测性能等均优于国外IMI829合金。"

1996年12月17日，在中国航空工业总公司科技局主持下，组成以师昌绪院士为主任的鉴定委员会，对"550℃高温钛合金（Ti-55）应用研究"进行了鉴定并获得通过。鉴定意见指出："研制成功的Ti-55合金盘、叶片和鼓筒的实测性能优于国外同类合金IMI829，在率先应用含钕新型钛合金以及急冷式β模锻、三重式α+β热处理关键技术方面具有创新性，与国外同类合金IMI829相比，属国际领先水平。"

由于该课题的重要意义、创新性和技术水平，"550℃高温钛合金（Ti-55）应用研究"和"Ti-55高温钛合金研制"于1997年分别获中国航空工业总公司科技进步一等奖和中国科学院科技进步一等奖，曹春晓分别为第一完成人和第五完成人。鉴于在Ti-55课题中做出的突出贡献，1997年，曹春晓受到了中国航空工业总公司的嘉奖，荣立二等功。1998年，由两部分成果合成的"Ti-55高温钛合金研制及应用研究"课题获得国家科技进步二等奖。中国科学院金属研究所的李东为第一完成人，曹春晓为第二完成人。

当李东获知已评上国家科技进步二等奖时，马上打电话把这一喜讯告知曹春晓。平时说话总是那么斯文、冷静而富于理性的李东，这次却在电话那端充满激动和感情色彩地说："课题获奖，是我们多年来精诚合作、奋力拼搏的结晶！老曹啊，这些年来与你相处得很愉快。无论是做学问还是做人，你都是我学习的榜样。我真为拥有像你这样的知心朋友而感到荣幸！与北京航空材料研究所合作，这步棋是走对了。如果没有北京航空材料研究所的真诚相助，这个课题就不可能进行的这么顺利，就不可完成的这么好。非常感谢你和北京航空材料研究所的同志啊！"

通话之后，曹春晓的心久久不能平静。曹春晓一开始就深感李东研究员对合作的诚意，在其后整个合作过程中，不断加深彼此的相互了解，很快成了工作中并肩作战的好战友，生活中互相关心的好朋友。中国科学院金属研究所钛合金研究室副主任刘羽寅也是 Ti-55 合金课题的主要成员，她对单位之间的密切协作和课题工作的顺利开展也起到了很大的作用。他想到前不久中国航空工业总公司科技局的同志表扬该大型联合课题组是大协作的典范。在他看来，"典范"有些过奖，但不同城市、不同单位的课题组成员之间的关系甚为融洽，大家合作得很愉快这倒是事实，这也是他几十年来在所有课题中一直追求的。他觉得 Ti-55 课题组团结协作好的原因，首先应归功于合金研制牵头单位中国科学院金属研究所与应用研究牵头单位北京航空材料研究所之间的融洽关系。而中国科学院金属研究所的李东、刘羽寅等和北京航空材料研究所的曹春晓、马济民、高扬等，在彼此合作中的融洽关系更是起到了关键作用。当然，曹春晓也不会忘记始终主管该项目的航空部科技局的王俊杰同志，他在组织和协调该项目的科研活动中做出了重要贡献。

"真人"相助

1996 年 9 月，曹春晓在庐山曾碰到一个算命的把他叫住说："你这位先生气色很好，又有真人相助，最近会有喜事临门。要不要坐下来谈一谈呀？"曹春晓从来不信算命这一套，没有理会便走开了。不过，算命先生所说的"有真人相助"倒是引起了他的兴趣。他想，550℃高温钛合金课题之所以能圆满完成，不正是因为有着上上下下众多的"真人"相助吗？比如：航空部科技局的曾凡昌、王俊杰等，中国科学院金属研究所的李东、刘羽寅等，宝鸡有色金属加工厂的魏寿庸、贾栓孝等，606所的李晋年、张庆春等，安大厂的郭灵、钟天纺等，430厂的黎纪瑞、夏中卿等。当然，还有本所的马济民、高扬、唐志今、郝树本、孙福生、韩波、杜娟、李兴明、尤德宣、郝孟一、史战旺、史亦韦等。是啊，没有这些能人好友同心同德、同甘共苦、奋勇拼搏，又怎能取得这一成果呢？他们不就是"真人"吗？然而，曹春晓对"真人"的确切含意还不十分清楚，于是，便产生了查一下"真人"的出处和含意的念头。原来，在《庄子·天下》中有一出处：关尹老聃乎，古之博大真人哉；《太平经》则把"真人"定位为"大神之下，神仙之上"；《楚辞·九思·哀岁》又用"随真人兮翱翔"这一妙句描述了真人助你翱翔的神力。曹春晓看了古人对"真人"的种种诠释后，浮想联翩，回忆起过去几十年的风风雨雨。先后3次组成的跨部内外的大型联合课题组，都是极具战斗力的非常可爱的团队。各路俊杰，各显其能。不少能人成了曹春晓的好友。曹春晓认为，如果说他有双隐形的翅膀——"耕耘钛业，献身航空，报效祖国"的理想和一系列自撰的人生格言——在带他展翅翱翔的话，那么，离开了这些能人好友的神力相助，他是无法翱翔得这么远、这么高的。感慨之余，他把"真人"的含义重新定位为"能人好友乎，今之博大真人哉"！

第十章　热障未破　岂能停蹄

决心突破"热障"

　　一项项科研成果，一个个荣誉称号，一张张烫金奖状，一篇篇在国际国内发表的论文……在曹春晓的人生轨迹上，一串串闪光的珍珠已够耀人眼目的了。"一个人的生命应该是这样度过的：当他回首往事时，他不因虚度年华而悔恨，也不因过去的碌碌无为而羞耻"，对于奥斯特洛夫斯基的这句名言，曹春晓完全当之无愧。他在科学战场上转战南北，戎马一生，战果辉煌。他完全可以为已经取得的成就感到欣慰，感到自豪。

　　光阴荏苒，转眼之间曹春晓已年过半百。有人劝他可以休整休整，见好就收，干点带带学生、写写文章、搞搞翻译之类的"旱涝保收"的工作，就像一个优秀运动员夺了若干金牌后，已够享用一辈子的了，何必再去披挂上阵、身先士卒？如果拼不上去败下阵来，岂不落得个弄巧成拙、自毁声誉？还有人拉他"下海"："凭你的技术和威望，开个公司搞开发，准能赚大钱。"然而，曹春晓都不为所动。他将个人荣辱、功名利禄置之度外，他一心所想的，是怎样最大限度地提高自己生命的有效利用系数，为祖国现代化建设多添几笔光彩。他觉得技术难度越大就越能"享受"探索科学奥秘的乐趣，越是艰险就越能实现人生的价值。他要在崎岖的科研道路上冲锋陷阵，他决心攻克最顽固的技术堡垒。

　　钛合金虽已在航空航天器上得到了广泛应用，但它的最高使用温度还只限于600℃，超过此限的零部件就属于镍合金的"领地"了，而后者的比重几乎要比前者大一倍。如何进一步提高钛合金的使用温度，继续向镍合金的"势力范围"

挑战,使发动机的重量更轻,这是国际钛学者正在研究的重大课题。曹春晓把这一难题喻为"热障"。

始终关注和跟踪钛合金领域国际动态和科技前沿的曹春晓,获悉国外有人正在研制一种使用温度可达650~700℃的金属间化合物,这对钛合金来说无疑是一次革命性的飞跃。曹春晓瞄准了这一具有世界先进水平的目标,立即向国家"863"新材料领域专家委员会提出Ti_3Al基合金的立项申请报告,项目名称是"Ti-Al系金属间化合物合金化和热处理工艺研究",曹春晓是项目负责人。题目通过答辩之后,很快立了项。同时被批准立项研究Ti_3Al基合金的还有中国科学院金属研究所、北京钢铁研究总院等兄弟单位,客观上形成了科技界的竞争态势。曹春晓明白,这一场角逐,不仅是国内科技界的,也是世界钛学术界的。中国人民是有志气的,在这场激烈的国际竞争中,我们岂甘落伍?

曹春晓锐气不减当年,一天晚上,他拿起毛笔,蘸满墨汁,在一张白纸上写下了8个大字:热障未破,岂能停蹄。将其压在办公桌的玻璃板下,时刻激励自己,不忘使命。这掷地有声、铿锵有力的8个字,表明了他老当益壮、虎虎生威的雄心壮志。无限风光在险峰,越是艰险越向前。他又脚下生风地踏上了更为崎岖的征程。

曹春晓亲笔书写"热障未破,岂能停蹄"八个大字以自励

钛合金传统的两次或三次熔炼都是在真空自耗电弧炉中进行的。这种熔炼制备铸锭的方法，由于其熔池较小，在高温熔化状态下停留时间短，在所添加的元素还来不及均匀化扩散的情况下，熔池就因水冷铜坩埚的冷却作用而冷凝成固态了。这对普通钛合金来说，尚无大碍，但对于含有大量铝和大量高熔点铌（Nb）的 Ti_3Al 基合金来说，就会出现成分不匀甚至出现铌夹杂的问题。曹春晓经过反复思考后提出一种新的熔铸方案：第一次在真空铸造凝壳炉内进行；第二次仍在真空自耗炉内进行。由于第一次熔炼的熔池要大得多，而且在熔化状态下保持的时间较长，因此，一次铸锭的合金成分便得以充分的均匀化，不再出现未熔透的铌夹杂。再通过第二次熔炼，获得提高缩孔位置和符合预定规格的优质铸锭。这一新型熔炼工艺（CS 工艺）经过实践证明是合理可行的，并在其后获得了发明专利（专利号 ZL9311.6677.2），曹春晓为第一发明人，发明名称为"钛-铝系金属间化合物基合金均匀化熔铸工艺"。这一新型熔炼工艺在提高化学成分均匀性的同时，也相应提高了锻件的室温拉伸塑性（延伸率），很好地解决了 Ti_3Al 基合金室温脆性这一难题。

在获得优质的 TD2 合金铸锭后，又遇到了锻造和热处理方面的难题：其一，这种金属间化合物，铸锭开坯锻造时非常容易裂，是典型的难变形材料；其二，TD2 合金的金相组织和力学性能对锻造和热处理工艺非常敏感，掌控失当，就会使室温拉伸塑性等关键性能达不到指标要求。

为了解决上述两个难题，曹春晓苦思冥想，提出了逐渐降温工艺（GDT）和高低温交替热变形工艺相结合的可以避免铸锭锻裂和优化金相组织的锻造技术以及可优化性能匹配的 $\alpha+\beta$ 区三重热处理技术（ABT）。在课题组成员的共同努力下，1989 年短短的一年时间内，就研制出了性能优良的 TD2 合金棒材，并与安大厂合作，在 1300 扩孔机上轧出了综合性能良好的外径尺寸达 656 毫米的环形构件（国内最大的 Ti_3Al 基合金构件）。这一重要进展，大大增强了课题组成员继续前进，攻克科学难关的信心。

张冠李戴考验自信

正在大家满怀信心继续拼搏之际,突然接到专家组的通知:"各承研单位送交的性能试样已统一检测完毕。结果表明,你单位的 Ti_3Al 基合金的拉伸性能没有达标。"这一消息犹如晴天霹雳,在室里、所里炸开了锅,似乎有一个声音在冷酷无情地说道:"你们一年多来日夜奔忙的努力全泡汤了,你们在科研战场上吃了败仗,你们在国内科研大军的激烈竞争中被淘汰了!"

多年来一直是顺风顺水的课题组成员们从来没有受到过如此大的打击,作为课题组负责人的曹春晓更是首当其冲,一下子被打懵了。但他坚信,我们送去的试样绝对是合格的。之所以出现目前这种令人尴尬的局面,凭着他多年的工作经验和自信力,可以断定:要么是统测单位的测定结果有误,要么是把试样弄混了。他决定马上向专家组申诉,理由是:一、这一炉批的棒材,本研制单位自己测试的多根试样的性能数据都非常稳定,而且比规定的指标高出许多,有相当大的超标余地;二、就在切取统测试样的同一根棒材上,已预先切取和加工了三根试样并委托统测单位进行了拉伸性能试验,试验数据都很理想,怎么在统测时同一根试棒的性能突然变得这么低下,这不可能;还有第三个理由,曹春晓没有向专家组说,这就是他们的熔铸工艺、锻造工艺和热处理工艺,保证了合金成分、金相组织和性能的均匀性。专家组听了曹春晓的汇报后觉得言之有理,但还需要进一步验证后才能下结论。就问他:"有没有同一炉号的试样可供复查?"曹春晓暗自庆幸自己预留了几根以备不时之需。于是马上回答:"有,而且是加工好的,可以立即复查。"专家组当机立断,决定由叶恒强院士亲自到现场监督整个复查过程。复验结果表明,北京航空材料研究所研制的 TD2 合金棒材的拉伸性能完全符合指标要求,而且有较大余地。根据这种新的情况,专家组决定进一步对几个单位提供统测用的试样(已拉断)进行化学成分分析。结果表明,原统测不合格的试样的合金成分不是北京航空材料研究所而是另一单位的。北京航空材料研究所提供的试样完全合格。真相大白后，曹春晓如释重负。回首过去的几天，压力之大真如泰山压顶。好在曹春晓几十年来已"修得真性"，懂得在任何情况下都要镇静，要保持良好的心态。所谓"真性"，就是"好心态"。

曹春晓根据自己多年来的生活历练，早已总结、提炼出了有关"心态"的三条座右铭。

其一：顺利时，自谦自丑；逆境时，自信自美。

其二：泰安时，思危激志；危急时，理智应变。

其三：只有拥有好心态，才能拥有好人生。

正是因为曹春晓拥有这种好心态，这种健康的精神体魄，才使他顶住了巨大的压力，镇定自若、理智应变，才使局面转危为安。

他的妻子张琲联目睹了这场动人心魄的变故后，出于对丈夫的关爱，曾动情地对他说："春晓，你已是50多岁的人了，经不起折腾呀。像'863'这样竞争激烈的项目，今后千万不要再搞了。身体健康要紧啊！"曹春晓感谢妻子的关心，笑着回答说："你放心吧，我会注意好自己的身体的。我已立下了'热障未破，岂能停蹄'的誓言，你说我能半途而废吗？"

事后，还有人笑问曹春晓："你事先就委托统测单位做了拉伸试验，还预留了几根加工好的试样，好像你已预知会出这种张冠李戴的事似的。你真行啊！"曹春晓笑道："我又不是诸葛亮，哪里会料事如神呀！我只不过按照自勉的座右铭'泰安时，思危激志'的道理办事，进行了试样的预检并预留了试样，加了'双保险'，以防万一有什么情况发生。谁知这个'万一'，偏偏让我们遇到了。真可谓'预则立，不预则废'啊！"

Ti_3Al 基合金研制取得重要成果

一场风波过后,课题组的同志们信心倍增,劲头更大了。1990 年 1 月 3 日,北京航空材料研究所与安大厂、黎阳机械公司签订了"开展 Ti_3Al 基合金研制及其应用研究"的协议。决定首先选择涡喷 13 发动机涡轮导风板和二级涡轮结合环这两个典型零件作为应用研究的对象,采用 TD2 合金(Ti_3Al 基)取代原来的 GH4033 镍基高温合金,减重效果接近 50%。在大家的共同努力下,于 1990 年底在安大厂研制成功 TD2 合金涡轮导风板模锻件和涡轮结合环环轧件。其金相组织、力学性能和无损检测结果均符合要求。这是我国研制成功的第一批较大的 Ti_3Al 基合金模锻件和环轧件。1990 年底,项目结题验收时被专家组评为"优秀"。曹春晓个人获得国家科委工业技术司和国家高技术新材料领域专家委员会颁发的"重要贡献奖",以表彰他在国家"863 计划"中的出色贡献。

鉴于北京航空材料研究所在"七五"期间的优异成绩,国家"863"计划安排北京航空材料研究所在"八五"期间以新的课题名称"Ti_3Al 基合金实用化关键技术和性能的研究",继续开展 Ti_3Al 基合金的研究工作。课题组仍由曹春晓负责,他的学生孙福生任第二负责人。课题组成员单位扩大为 5 个:北京航空材料研究所、黎阳公司、安大厂、011 基地第二设计所和宝鸡有色金属加工厂。课题组在工业性生产条件下,深入地进行了 Ti_3Al 基合金熔炼、锻造、热处理、冷加工工艺的研究,还开展了合金全面性能特别是关键性能的研究,提供了大量的全面性能数据和 120 多条试验曲线,其中的接触腐蚀性能、应力应变曲线、蠕变持久的拉逊 – 米勒曲线、应变低周疲劳、热疲劳和蠕变疲劳等,在国内外未见到公开报道。课题组还相应地开展了相结构、形变断裂机制、蠕变、疲劳行为和机制等基础研究以及化学成分分析、无损检测等相关技术的研究,制定了 TD2 合金(Ti_3Al 基)锻件标准。

上述的系统研究工作为 Ti_3Al 基合金走向实用化打下了坚实的基础,也为

TD2 合金涡轮导向板和涡轮结合环的装机试车提供了依据。于是，采用 TD2 合金取代 GH4033 合金制成的涡轮结合环和涡轮导风板终于装在涡轮 13A Ⅱ 发动机上，成功地进行了地面台架试车（28 小时 49 分钟）。这是我国金属间化合物结构材料进行试车的首例，而 TD2 合金涡轮导风板又是国际上 Ti_3Al 基合金转子零件进入航空发动机试车阶段的首例。这说明了该课题工作在国内和国际上都是具有开创性的。

1996 年 12 月，中国航空工业总公司科技局组织了对该技术成果的鉴定。鉴定意见指出："TD2 合金的关键性能（如拉伸强度、拉伸塑性、断裂韧性、冲击韧性等）优于美国同类合金 Ti-25Al-10No-3V-1Mo（即超 $α_2$ 合金），而且 TD2 合金的氧含量控制不需要像美国超 $α_2$ 合金那样苛刻，这有利于合金的工业化和实用化……TD2 合金上述良好的关键性能和综合性能的获得，主要归因于本项目下列 3 项实用化关键技术：凝壳炉与自耗炉结合的均匀化熔炼技术；逐渐降温工艺和高低温交替热变形工艺相结合的优化金相组织的锻造技术；优化组织性能匹配的 $α+β$ 区三重热处理技术。"鉴定委员会一致通过了该成果的鉴定，并认为："Ti_3Al 基合金转子零件在率先进行地面台架试车等方面居国际领先地位。TD2 合金进入航空发动机热端取代部分高温合金，这对于提高发动机推重比具有重要意义。"

因此，"TD2 合金（Ti_3Al 基）及应用研究"获 1997 年度中国航空工业总公司科技进步二等奖，曹春晓为第一完成人。主要完成人还有：孙福生、李惕冰、郭灵、李聚丰、窦永庆、曹京霞、许士杰、钟天纺等。

妈妈去世激起的震荡波

当曹春晓正在为同时进行的几个课题紧张忙碌的时候，从上海传来了噩耗：他一生中最敬重最深爱的人——妈妈，于 1993 年 9 月 5 日与世长辞了，享年 92 岁。曹春晓悲痛万分，泪如雨下。回忆母亲从小对他的关心、疼爱、教诲、期待，回想这位贤惠、温柔、平凡而伟大的典型东方女性对自己一生的重大影响，不禁百感交集，思绪万千。当晚，聚于胸中对母亲无尽的深爱和怀念涌至笔端，曹春晓写出了一首饱含真情的诗。

妈妈的爱

盖天下之爱，

最沁人肺腑的是母爱；

盖天下之善，

最善的是慈母的心田；

盖天下之美，

最美的是妈妈充满期望凝视着我的双眸；

盖天下之大，

最大的是妈妈那容纳一切辛劳委屈的胸怀。

心寒意冷时，

妈妈是我心中燃起热情的太阳；

忧郁烦闷时，

妈妈是在我心中洒下清辉的月亮；

犹豫彷徨时，

妈妈是我心中闪亮指路的星星；

春风得意时，

妈妈是我心中清醒头脑的泉水。

今晨妈妈走了，

走到天边很远很远的地方。

然而妈妈应时变幻的化身

——太阳、月亮、星星和泉水，

却永远在我心中。

第二天,曹春晓就奔赴上海参加母亲的遗体告别仪式。回来后,虽然悲伤、怀念仍在笼罩着他,但几项同时交叉进行的课题研究工作(Ti-55高温钛合金、TD2合金及陶瓷增强钛基复合材料)都处于关键时刻,必须抓紧时间日夜兼程,才能按期保质地圆满完成任务。于是,他调整好心态,又一头扎进繁重的科研工作中去。

过度疲劳突然病倒

曹春晓总是自加压力地给自己订出紧张的工作进度表,不顾病痛满负荷地投入工作。1995年初,为了把1994年底完成的国家自然科学基金项目"陶瓷增强钛基复合材料的研究"的技术总结尽快编写出来及时归档,他准备晚上在家里通宵达旦地工作,因为他已买好了第二天出差沈阳的火车票。他对妻子说:"今晚我要赶写总结,你先睡,别管我。"妻子叮咛了一下,让他尽量早点休息,不要太劳累了。几天来他连续作战,一直熬夜,体力过于透支,写到11点左右时,过度的疲劳使曹春晓感到身体实在支持不下去了,便不得不上床休息。他对妻子说:"你睡你的觉,甭管我,我先睡一会再起来写。"可妻子早晨醒来后,发现他还没起来,心想一定是太累了,让他多睡一会吧。7点多钟,曹春晓强提精神,想起床继续赶写总结。谁知刚下床,就觉得呼吸困难,头晕心慌,天旋地转,吃力地说了一句:"我不行了。"正要倒下时,儿子急忙赶过来扶住他。妻子找来大夫,一量血压,高压仅70毫米汞柱,心跳每分钟只30次。立刻送医院,被诊断为心动过缓,心跳短时暂停。最后给他的心脏装上起搏器。起搏器的外壳是钛合金做的,曹春晓风趣地说:"我搞了一辈子钛合金,这下更是与钛合金结下不解之缘了"。

第十一章 "院士后"时代

冷静对待当选院士

1997年10月,航空材料研究院党委书记沈德官在一次中层以上的干部会议上,激动地宣布:"首先告诉大家一个刚刚收到的好消息,曹春晓同志已当选为中国科学院院士。这不仅是他本人的光荣,也是我们航空材料研究院的光荣!"顿时,全场响起了热烈的掌声,与会者纷纷向他表示祝贺。其后,曹春晓又陆续收到一些贺信,有的院士在贺信中还特别强调他是"高票当选"。

1998年初,中国科学院在京举行院士春节联欢会。曹春晓虽是第一次参加这种中国科技精英界的"群英会",但"善合群"的他,很快就融入到这个新的高层次的群体中,和许多院士成了朋友。

联欢会上,中国科学院领导向新当选的院士颁发了院士证书。证书的扉页上有个金黄色与红色相间的国徽,显得十分庄严。国徽下印着三行黑体字:中国科学院院士,是国家设立的科学技术方面的最高学术称号,为终身荣誉。

在科学技术的最高荣誉面前,曹春晓不禁心潮难平,浮想联翩。几十年来在科学战场上,竭尽心力,一路闯关夺隘,他并不是为了得到什么荣誉,只是为实现青少年时代就立下的"科技强国,航空报国"的理想,为中国人争气,为中华民族争光。可是,如今党和国家给了他这么高的荣誉,使他反倒冷静下来,既没有1965年TC4钛合金课题立项获得105万元经费后那种备受鼓舞、喝酒吟诗的激情,也没有在我国第一台装有钛合金叶片的涡喷6发动机长期试车顺利通过时的那种欢腾雀跃、喜极而泣的兴奋。这是为什么呢?这是因为曹春晓在想,

1997年曹春晓当选中国科学院院士

自己能不能承受得起这么高的荣誉和这么重的责任。

早在 20 世纪 60 年代,曹春晓在学习、思考杰出人物成才之路时,便结合自己的实际体会,总结出了激励自己的 18 字座右铭:勤学习、勤实践、勤思考;善自控、善合群、善生活。简称:三勤三善。这"三勤三善"伴他走过了 30 多年,伴他在科研道路上一路高歌猛进,取得累累硕果,而今又获得了"最高学术称号"和"终身荣誉"。此时此刻,"三勤三善"又像条件反射一样,闪现在他的脑海之中,而反射信号最强的是其中的"善自控"。

曹春晓想,在顺利时,一定要控制好自己的心态,决不能得意忘形、趾高气扬。要清醒地看到自己的问题和短处,懂得个人的能力是有限的,如果没有党的长期教育,没有各级领导的关心支持,没有同事、朋友和亲属的真诚合作、帮助和关爱,就决不可能有今天的曹春晓。功劳和荣誉是属于大家的。通过"三思",他决心在自己的"院士后时代"保持两种心态——平稳及年轻。

由于保持了不骄不躁的平稳心态,同事们都异口同声地说:曹院士仍是那样平易近人、和蔼可亲,没有任何架子。每当听到同事们的这种评论时,他就特别高兴,特别欣慰。自当上院士的那一刻起,他就警示自己:决不能忘乎所以,让"当上院士"成为阻碍自己前进的包袱,要谦虚谨慎,让它成为激励自己继续前进的动力。同事们的评论说明曹春晓没有为当上院士所羁,仍然根植于群众之中,和群众一起前进。

至于保持年轻心态,他是这样想的:人老了,但心不能老,仍要保持朝气蓬勃的精神气质,保持宝刀不老的竞技状态,在为党的事业奋斗和向科学进军的征途中,继续攻克一道道难关,夺取一个个胜利。有一首歌,他是很喜欢的,这就是《革命人永远是年轻》。歌中唱道:革命人永远是年轻,他好比大松树冬夏常青,他不怕风吹雨打,他不怕天寒地冻,他不摇,也不动,永远挺立在山岭。他决心做一棵永远挺立在科学山岭的常青树。在有利于中青年科技人员迅速成长并使他们发挥积极作用的前提下,争取在更长的时间里做到"一个不脱离,三个多贡献":不脱离科研;为培养年轻人、为科普活动、为有益的社会活动多做贡献。

不脱离科研活动

在"院士后"时代,曹春晓就是根据"一个不脱离,三个多贡献"来规划自己的种种活动的。

当上院士时,曹春晓已届 63 岁。为了促进年轻人的成长,他不再担任课题负责人而是以指导人的身份参加一些重要课题,如阻燃钛合金、600℃高温钛合金、TiAl 金属间化合物以及 TA15 钛合金等。前三种钛合金均用于正在研制的高推重比涡扇发动机或未来更先进的航空发动机,TA15 钛合金则用于第三代重型战斗机等空军先进装备。

在钛合金研究室黄旭、李臻熙、蔡建明、李兴无等课题负责人和参加人的共同努力下,这4个课题均已取得突破性进展。其中,TA15 钛合金已批量生产和应用于我国第三代重型战斗机上;600℃高温钛合金研制过程中,长期困扰人们的难以兼有良好的蠕变抗力和热稳定性的关键问题,也得到了较好的解决。

TiAl 金属间化合物是很有发展前景的未来的"革命性"材料,它的比重小于普通钛合金和 Ti_3Al 金属间化合物,而其使用温度可高达 760~850℃,远远高于普通钛合金的 600℃ 和 Ti_3Al 金属间化合物的 700℃。因此,曹春晓始终非常关注 TiAl 金属间化合物点滴的发展动态,并把钛合金的未来寄托于 TiAl 这颗"希望之星"上。

材料领域的一级学科是"材料科学与工程";二级学科共有三个:材料学、材料加工工程和材料物理化学。曹春晓的研究领域侧重于材料学和材料加工工程。材料加工工程与制造技术领域的热加工技术(铸造、锻压、焊接、热处理)相互交叉。当获知国家安全重大基础研究计划(国防 973 计划)几年来已先后上了若干材料领域的项目,而制造技术领域却一直是片空白时,曹春晓又动了心,觉得从国内外发展情况看,我国的国防工业特别是航空工业非常需要及早解决复杂构件精确成形过程设计和控制方面一些带有共性的科学问题。这里的"成形"包括凝固成形(与铸造对应)和塑性成形(与锻压对应)。"精确"的含意则包括精确控形和精确控性。考虑到该项目的难度高、工作量大,必须实行强强联合。曹春晓便很快与西北工业大学的傅恒志院士和哈尔滨工业大学的雷廷权院士进行沟通交流,并取得了共识,决定由 3 位院士牵头,由中航工业北京航空材料研究院、西北工业大学、哈尔滨工业大学作为主要承研单位联合申报,北京航空材料研究院为牵头单位。同时还有清华大学、北京航空航天大学、中科院金属研究所、钢铁研究总院、南昌航空大学、贵州安大锻造厂等作为协作单位,形成了部内外 9 个各具优势的单位大协作的局面。项目名称最后定为"航空复杂构件精确成形过程设计与控制的理论和方法"。在中国人民解放军总装备部预研局的组织下,经过专家组评审,正式同意立项,于 2004 年 1 月正式启动。曹春晓被任命为该项目的技术首席。

项目分为三个课题,分别含有 6 个、4 个、4 个专题。每个课题设有两位负责人,其中一位是院士,分别为曹春晓、傅恒志和雷廷权;另一位是较年轻的学术带头人,分别是熊艳才、刘林和甄良。我国制造技术领域的第一个国防 973 项目就这样以庞大的阵容起步了。

曹春晓一开始就强调培养年轻人，让中青年学术带头人勇挑重担。在"课题一"进展到中期时，曹春晓干脆不再担任负责人，而由航空材料研究院的熊艳才接任，第二负责人则由另一位年轻博士李臻熙承担。虽然"技术首席"的重任无法推辞，但曹春晓还是把熊艳才尽量推向前台，操作整个项目的运转，好让年轻人更快地成长起来。下一梯队在曹春晓的扶持下，迅速成长、成熟。例如熊艳才，在项目开展中期就从科技人员的一级岗提升为特级岗，2009年项目接近尾声时，又被聘为博士生导师。与此同时，该项目的创新性成果也得到了专家组和总装备部有关部门的好评。

2009年8月20日，以柳百成院士为组长、胡正寰院士等8位成员组成的专家组，对该项目进行了综合评审，一致建议该项目通过验收。在评审意见中，专家组明确指出："项目在航空复杂构件精确成形理论和方法上取得了重要的创新性成果。丰富和发展了多场耦合作用下航空复杂构件精确成形理论，实现了复杂构件成形工艺设计和控制由经验向量化和可视化的转变，提高了航空发动机叶片、盘件、机匣和飞机隔框等复杂构件成形精度和性能，对先进航空武器装备研制和发展发挥了重要作用，体现了国家安全重大基础研究的重要学术和应用价值；同时，形成了一支院士带头、年轻学者为骨干，具有自主创新能力的从事国防基础研究的队伍。"

2009年9月4日，该项目顺利通过了总装备部专家顾问组的最终验收。

在项目启动后不久，"课题三"负责人雷廷权院士就患了肠癌。曹春晓曾两次去哈尔滨的医院探望他。当时他的精神状态较好，十分关心项目的进展情况，并提出积极的建议。曹春晓为他的这种精神所感动，期望在他治愈后，继续合作，为国防科研事业共同奋斗。不料2007年传来噩耗，雷院士不幸与世长辞。曹春晓为失去一位栋梁之材深感悲痛。当时，曹春晓的科研工作十分繁忙，但他还是决定无论如何也要赶往哈尔滨参加雷院士的遗体告别仪式。虽然来去匆匆，但终究与这位相识不久、情谊却深的朋友见了最后一面，曹春晓就是这样一个极重情义的人。

为培养人才多做贡献

从 1982 年至 1997 年,曹春晓先后指导了 3 名硕士生、2 名博士生和 1 名博士后,他们均以优秀成绩毕业或出站。为此,曹春晓于 1993 年被评为航空航天工业部优秀研究生导师。

获得博士学位的雷利民与他的导师曹春晓(右一)合影

1997 年当选院士后,曹春晓根据自己"一个不脱离、三个多贡献"的思路,先后指导了 12 名博士生、2 名硕士生和 2 名博士后。迄今,10 名博士生、1 名硕士生均以优秀成绩毕业,2 名博士后出站,2 名博士生和 1 名硕士生在读。

在指导博士生、硕士生、博士后的教学活动中,曹春晓始终坚守一个理念:既为人师就不能误人子弟,误国大计。这里的大计,当然是指为国家培养人才的大计。

随着年龄的增长,曹春晓越来越感到有责任为培养年轻人才多做贡献。因此,以指导博士生为主要战场,担当起传授知识和传递科技接力棒的光荣任务,便成为他今后献身航空、报效祖国的义不容辞的责任和重要的"用武之地"。这正是驱使曹春晓尽力搞好导师工作的动力。

博士生陈慧琴（左四）与导师曹春晓（左三）及答辩委员会成员合影

在这种动力的驱使下，曹春晓给自己订出了要力争使所带的学生均以优秀成绩按时毕业的目标。为实现这个目标，曹春晓别出心裁地设计了一套"过五关、斩六将"的教学方法。

"过五关"就是要过好课题选择、文献综述、方案制定、试验研究、论文撰写等5大关口。

"斩六将"就是要斩除学习过程中的6个"拦路虎"：修养欠佳、精力分散、动态不明、独立不够、思路不清、文理不顺。

学生一入学，曹春晓首先要做的事是以谈心的方式，对学生进行思想修养方面的教育，重点要求学生要做到"善自控"、"善合群"，把握好自己在学习过程中的行为模式。如果修养欠佳，胜骄败馁，孤芳自赏，将不能顺利完成学位论文。

学生在学习中，一定要集中精力。如果精力分散，常常去想一些或做一些无关的事情，势必会影响学业的长进和各阶段预定任务的完成。同时，为了不误人子弟，曹春晓一贯主张导师不要让学生花很多时间去做与学位论文无关的其他科研工作或杂事（这些事往往只是导师自身工作的需要），以免影响学业的质量。

"动态不明",也是"拦路虎"之一。曹春晓要求学生必须广泛收集与学位论文有关的国内外资料,掌握好本领域的发展动态,写好文献综述。如果"动态不明",不了解前人已经做过的工作,就不能站在高的起点,就可能会走弯路。

"独立不够",在曹春晓看来,是研究生的大忌。如果学位论文没有独立思考和独立工作后的独立见解,没有什么创新点,那么,这篇论文只能是低水平的。这对学生和导师来说,都是一种失败。曹春晓认为,真正的"严师",主要是在独立思考和独立工作能力方面对学生严格要求,而决不是什么都按导师的想法,依赖导师的指点去做。这既给了学生足够的独立空间,又培养了学生的创新能力,只有这种似宽实严的导师才能培养出"高徒"。

"思路不清",是指不能通过逻辑思维对试验程序进行合理设计和对试验结果进行正确分析。思路不清容易造成做虚功,走弯路,或者对试验结果得出不妥的结论,以致与原本可以获得的重要成果失之交臂。

"文理不顺",是指学位论文的语言文字水平欠佳,包括文章的结构层次、逻辑性、表达能力、用词准确性、错别字、标点符号等方面出现的问题。学位论文是学生整个科研活动和学习成绩的结晶,能否全面准确、通顺易懂地用文字表达出来,是整个学习过程的最后一道关键工序。如果文理不顺,不能很好地反映你的科研成果和学习成绩,该是多么大的遗憾。曹春晓在这方面对学生一丝不苟地严格要求,给学生留下了深刻的印象。

曹春晓带学生的风格是"似宽实严,似松实紧"。在时间安排上,对学生较为宽松,让他们有足够的"独立"空间,他并不要求学生常在自己的眼皮底下工作、学习,而是按照5个"关口"安排和检查学生的作业进度。如果哪个关口没有通过,就必须限期完成该做的补充工作,再次检查通过后才能进入下一阶段。

在教学活动和师生关系中,学生们普遍反映,曹老师既严格要求,一丝不苟,又平易近人,宽厚待人;不仅关心学生的学习,也很关心他们的生活。

一知道哪位同学有什么困难，曹老师就会主动伸出援助之手。经济拮据，住房困难，调动工作不顺，他都会做出自己力所能及的帮助。逢年过节，他热情地邀请家在外地的单身朋友到他家做客，以解他们的孤独之闷，使他们感受到"大家庭"的温暖。他的学生结婚时，曹老师不是被请去当主婚人就是当证婚人，他欣然前往，送去礼品，帮助张罗。一位研究生曾感动地说："我结婚虽然父母未在身边，却又胜似父母在身边。"他的博士生孙育峰结婚时，一再邀请曹老师去当他们的主婚人，并十分真诚地对他说："一朝拜师，终生为父。"

曹春晓去参加婚礼时，还常送上一副贺喜的对联。例如，有一副对联是这样写的：

上联：事业上红红火火
下联：生活中甜甜蜜蜜
横批：比翼双飞

曹春晓（右四）做学生李臻熙博士的主婚人

第十一章 "院士后"时代

曹春晓（中）参加学生骆宇时博士的婚礼

在婚礼上，曹春晓总要即兴发言，对新人表示热烈祝贺，对他们今后的事业和生活提出一些很有见地的忠告。宾客们看到曹春晓那种兴高采烈、喜气洋洋的样子，甚至半开玩笑地说，曹老师好像比自己的子女结婚还要高兴哩！年轻人的小宝贝出生了，曹春晓和爱人张琲联总是及时给予关心，除了送毛巾被等婴儿用品外，他爱人还亲自给孩子做尿垫、打毛衣、做衣服等。年轻人义务献血时，曹春晓和爱人就给他们送去鸡汤。他们对曹春晓夫妇这样无微不至的关怀常常感动不已。青年朋友过生日时，曹春晓也会欣然送去礼物，参加联欢，一起畅谈青年人的理想和老一辈的期望。

反过来，学生们对曹老师也十分敬爱。逢年过节，总要登门拜访，还要带上一些曹老师喜爱的东西表示心意。例如李臻熙博士毕业时，特地送了一套最新出版的《辞海》给曹春晓，让曹春晓喜上眉梢，爱不释手。因为这位学生知道曹老师虽是搞理工的，但也很喜爱文学。有一次，曹春晓因过度劳累而病倒，学生孙育峰等十分焦急，东奔西跑，忙前忙后，轮流值班，使曹春晓十分感动。

曹春晓不仅自己带研究生，而且关心、参与航空材料研究院和中国航空研究院的扩大博士生导师队伍和培养研究生的工作。他担任了中国航空研究院第五届和第六届（当届）学位评定委员会的副主任（负责中国航空工业集团公司所有下属单位的学位评定工作）和北京航空材料研究院第八届学位评定委员会的副主席及第九届学位评定委员会的主席。在2009年7月召开的中国航空研究院全体应届研究生毕业典礼上，曹春晓还作为研究生导师代表，语重心长地对同学们发表了热情洋溢的讲话。曹春晓在讲话中对同学们提出了三点希望。

（一）牢记学无止境、终身学习的理念。在进入缤纷多彩而又错综复杂的社会大课堂后，仍要继续努力学习、攻读、探索，在经久耐读的社会大学中取得优秀成绩。

（二）形成凡事努力、乐于沟通的习惯。走上社会大舞台后，要扮演好自己的角色，必须努力工作，乐于沟通、善于沟通，营造团结协作、和谐共事的良好氛围。既奋发努力，又善于沟通，这是人生成功的一大"秘诀"。

（三）拥有心系航空、报效祖国的胸怀。尽力为祖国航空事业的发展做出自己的最大贡献。

曹春晓在中国航空研究院2009年学位授予仪式上作为导师代表讲话

曹春晓的讲话，受到了大家的热烈欢迎，对年轻的博士、硕士们起到了很大的鼓舞、激励作用。

为科普活动多做贡献

在当选院士前，曹春晓考虑到国家经济建设和国防工业发展的迫切需求以及一般人对钛合金缺乏了解的现状，就已开始了宣传钛合金的科普活动。例如，1974年在成都召开的钛合金应用推广规划会和1975年冶金工业部与航空工业部在河北涿县联合召开的钛合金推广应用落实会议上，曹春晓都作了科普性的报告。成都会议共有31个单位145名代表参加；涿县会议共有47个单位130名代表参加，曹春晓的报告起到了传播钛合金科技知识、促进钛合金推广应用的积极作用。

在当选院士之后，曹春晓花了更多的精力继续从事这一十分有意义的活动。他积极响应两院院士大会的号召，和郝应其同志一道，为"院士科普书系"潜心编著了《材料世界的天之骄子——航空材料》一书。从2001年开始启动，于2002年9月由清华大学出版社和暨南大学出版社联合出版发行。江泽民同志为"院士科普书系"作了题为"提高全民族的科学素质"的序言；中国科学院院长路甬祥也以"院士科普书系"编委会主任的名义写了篇头语：人民交给的课题。曹春晓当时虽然工作繁忙，但出于对科普活动深远意义的认识和院士在科普活动中义不容辞的责任，还是抽出了一些时间搜集资料，精心构思，反复修改，历经一年多完成了他的第一本科普读物。

曹春晓力求使这本读物达到厚积薄发、深入浅出、通俗易懂、富有趣味，以期用生动、流畅的笔触激发各类读者对航空材料的兴趣。无论是对书名还是各章节的题名，他都颇下了一番工夫，既恰如其分，又不落俗套，使读者产生了丰富的联想。书名中的"天之骄子"是个双关语，一是指"天马行空"的材料，二是指得天独厚的佼佼者,两者都隐指航空材料。各章节的题目也各有特色,例如:烈火金刚——高温合金;崛起的第三金属——钛合金;金属与金属结亲——金属间化合物;靓丽的"纶氏姐妹"——合成纤维;柔中有刚的树脂基复合材料;强强结合的金属基复合材料;神秘莫测的隐身材料;机敏善变的形状记忆材料;吞吐自若的贮氢合金;一反常态的导电塑料;强中自有强中手——结构钢和不锈钢;软功不凡的能者——合成橡胶;多才多能的信息陶瓷;温柔驯顺的超塑性合金……

单是这别出心裁的书名和章节名,就已经能够抓住读者的心,使读者产生一种急于想揭开航空材料神秘面纱的迫切心情,这便是科普读物能够取得成功的一个重要法宝。

该书发行后反响甚佳。科学时报记者熊卫民于2003年1月7日到北京航空材料研究院对曹春晓作了专访,并在1月10日的《科学时报》上发表了题为《做科普并不比写学术论文容易——曹春晓院士谈科普创作》的文章,同时还把《材料世界的天之骄子——航空材料》一书的封面清晰地复制在这篇文章的右侧。

在采访中,曹春晓深有体会地说:"我觉得做好科普是挺难的,必须深入浅出,把复杂、深奥的问题用通俗、流畅的语言讲出来,激起各式各样人的兴趣,即使原来不太懂的外行,也能通过这些科普作品初步弄懂少数人钻研的学问,这件工作其难度我觉得不比写一篇高深的论文容易。"

曹春晓认为,写科普文章也是一种创造性劳动。既要有理,又要有趣;既要准确透彻,又要生动活泼;既要抓住精髓,又要文笔流畅。写学术论文,面对的是同行,大家很容易明了文中的内容;写科普文章,面对的读者往往是外行,必须考虑他们的知识水平和心理状态,否则就没人爱看,也不会取得什么效果。要使外行发生兴趣,要激起他们的求知欲,就必须加入创造性的劳动。

曹春晓告诉记者,做一个好的科普作家很难,既要有理科背景,又要有很好的文笔,既要懂科学,又要擅艺术,科普是另一种高水平的创造性劳动。

在2002年12月举行的第三次全国科普工作会议上,时任科技部部长的徐冠华在讲话中指出:

"将深奥的科技问题、科技原理、科技前沿,通过浅显生动的语言、富有想象力的故事、丰富多彩的图像,让公众理解、接受,是一种十分复杂、困难的工作,是一种创造性很强的活动。

科普工作是社会主义政治文明、物质文明和精神文明建设的重要内容。大力发展科普事业,是全面贯彻'三个代表'重要思想,实施科教兴国战略和可持续性发展战略,全面建设小康社会的一项战略性工程……

科技普及与科技创新是科技进步的两个基本体现,是科技工作的一体两翼。正像人的两条腿、车子的两个轮子,不可或缺……

整个科技界都要十分明确地把科技普及作为自己的重要使命和职责。"

确实,写科普文章需要勇气、才气和责任感。

曹春晓正是这样,十分自觉地把科普工作作为自己积极参与"三个文明"建设的重要使命和职责。

除了写书、写文章外,走上讲台与听众面对面交流,也是一种很有效果的科普方式。例如,曹春晓于2008年2月17日在北京市科协主办的"首都科学讲堂"上,作了题为"一代材料技术,一代大型飞机"的科普报告。该讲堂多年来已举办过多次讲座——一种普通大众可以自由参加的科普活动。曹春晓之所以乐意接受这样的任务,目的有二:一是进一步唤起大众对我国航空工业特别是大型飞机工程的关心、支持和热情;二是传播有关航空材料的科学技术知识。那天,听众济济一堂,各种年龄段和各种身份的人都有。大家被曹春晓内容翔实、生动有趣的精彩演讲所吸引,聚精会神地跟着曹春晓的话题在科学的迷宫中畅游。演讲结束后,听众们不仅报以热烈的掌声,还纷纷排起长队,请曹院士为他们签名留念。一些听众说,听这样的科学讲座比看场节目还要过瘾。由于这场讲座的良好效果,会后在报纸上、网上都有关于这一活动的报道。事隔一年半之后,《北京科技报》的编辑还登门邀请曹春晓为北京市的科普活动题词。曹春晓写了四句五言诗相赠。

讲堂声朗朗,笔下书疾疾;
但盼春来时,遍开科普花。

曹春晓在首都科学讲堂上作科普报告

曹春晓还和媒体携手合作,一起为科普做贡献。他欣然接受电视台、报纸、网络的采访,通过记者的报道,宣传、普及科学知识。

为社会活动多做贡献

曹春晓认为,当社会给予你荣誉和地位时,你就更应当在力所能及的情况下多介入一些有益的社会活动来服务社会、回报社会。也正因为你有了院士的头衔以及这头衔所包容的丰富内涵,你参加社会活动时所产生的社会影响和取得的效果也将会更大更好。俗语说:能者多劳。曹春晓具有多方面的才能,在各种社会活动中,他均以积极的心态,游刃有余地奉献其才,下面择其主要者简述于后。

(一)为大学、中学和小学的学生们作励志报告

曹春晓想到的有益的社会活动,首先是为青少年的健康成长出一份力。根据自身成长过程的体会和几十年来对社会的观察分析,他深信,人才培养必须

从小抓起。中国的现代化事业,人才是关键。如何培养出一大批有理想、有抱负、有创新精神的人才,是关系现代化事业能否顺利发展、迅速前进的决定性因素。人才的培养具有特殊规律,理想、抱负、好奇心、创新欲只有从少年时期开始培养,才能深深根植于一个人的心中并在以后的发展过程中成长、开花、结果。这就好比一棵树,只有根正、苗好,才有可能在将来长成参天大树。

曹春晓不仅在学术上有很高的造诣,在人生感悟方面也有许多独到的见解。他根据自己在科学技术上的攀登历程提炼出来的一些人生箴言,不仅是指导自己走向光辉人生的"导航仪",也是能引导青年人走向成功和快乐的阶梯。因此,他常常被一些学校请去作励志演讲,以对学生进行爱国主义和革命人生观的教育。在演讲中,他激情洋溢、侃侃而谈,以亲身经历,叙述自己的理想、感悟,以详实的例子诠释自己的人生格言。仅在2009年的一年里,他就先后受邀在南昌航空大学、故乡的上虞中学、春晖中学、张杰中学等三个中学和北京海淀区温泉中心小学做了5次报告。学校领导和师生们的反响强烈,报告常被同学们的掌声打断,报告结束时,热烈的掌声更是经久不息。同学们还争相请他们心中仰慕的曹院士签名或留言,以作珍贵的纪念。在"怎样才能拥有好人生"的演讲中,曹春晓这样说道:

"今天在这里与同学们面对面地交流沟通,内心感到非常激动!同学们一个个青春年少,我坐在台上望下去,台下变成了一片五彩缤纷的花的海洋,此时此刻我好像又回到了青春年华,怎能不让我心动,怎能不让我心醉呢?

相信大家都希望自己能拥有一个好人生。好人生的含义是什么?有人认为是指'成功人生',也有人认为是指'快乐人生'。有一种普遍的分类法,把人分成'事业型'和'生活型'两类。在我看来,'事业生活统一型'的也不乏其人。'成功人生'与'快乐人生'两者兼而有之,才是理想的'好人生'。

求学之路是人生中打好基础、对整个人生产生重要影响的一段路。在这段时期,你能不能成为一个既成功又快乐的好学生,是你一辈子能不能拥有好人生的第一块试金石。"

接着,他现身说法,讲了"人生要以强国富民、奉献人类为强大动力",评定人生价值应该根据个人创造的财富与消耗的财富的差值,也就是"奉献"和"索取"之差来衡量;他还讲了"三勤、三善"。在谈到"善自控"时,他说,"善自控"的内涵很广,其要意之一可用一副对联表达。

上联是:顺利时自谦自丑。

意思是:顺利、成功时千万不要忘乎所以、妄自尊大,而要看到别人的功劳和长处,看到自己的缺陷和不足,对照"严于解剖自己"这面镜子看一看,噢,原来自己还有那么难看、那么丑陋的地方啊!

下联是:逆境下自信自美。

意思是:凡事大多不会一帆风顺,在困难、失败时,要看到自己的长处和优势,要有百折不挠的勇气,要有取得最后胜利的信心。

横批是:心态平稳。

意思是:心态始终保持平和稳定。坦然面对成败,坦然面对顺逆,坦然面对荣辱。在谈到要坦然面对逆境和失败时,他举例说,郭德纲21岁时从外地来京拜师学艺,但却四处碰壁。由于他很穷,连公交车也舍不得坐,每天从很远的郊区(郊区租房便宜)徒步走到市里学艺或演出。每当天黑时,别人都早早回家,但他却仍站在空荡荡的舞台上反复练习新学的段子。短短一年后,他竟然能够收放自如地演出600多个传统段子。然而,学艺之路并不平坦,失败一次次地降临到他身上。但他始终不气馁、不放弃。几年之后,在一次比赛中,他引起了著名相声演员侯跃文的注意,侯跃文表达了想收他为徒的意思。当时,他激动得让搭档打了自己两下,像孩子似地放声大哭。几年的辛苦,几年的坚持,没有白费。再过几年之后,郭德纲已成了红遍大江南北的明星。通过这个例子,曹春晓鼓励学生们"逆境下自信自美"。

在谈到"善合群"时,曹春晓举例说:"某单位有位海归,很有才华也非常勤奋,他的雅号叫'拼命三郎'。但他不善合群,与单位内外合作者的关系搞得很僵,而科研课题通常不是课题负责人单枪匹马就能完成的。结果这位颇有'内秀'的人才,直到退休仍一事无成,实在可惜!同学们在上学期间,同样存在合群不合群的问题。一定要广交朋友,真诚相待,互相尊重,互相关爱,互相谦让。只有做到'善合群'，才能助你成功，让你快乐。为此，我送给同学们另一副对联。上联是：交往中真诚相待，下联是：矛盾时让人三分，横批是：以和为贵。"

在谈到"善生活"时，他说："多样化的生活情趣不仅能充实你的快乐人生，而且有利于身心健康，可以让你有更充沛的精力为你的事业去奋斗、去拼搏，从而进一步充实你的'成功人生'，为此，再送给同学们一副对联。上联是：巧安排忙里偷闲，下联是：爱生活情趣多样，横批是：永远年轻。"

最后，他希望同学们"珍惜上学期间的宝贵时光，以强国富民、奉献人类为永不熄灭的强大动力，快乐地扑打你们青春的翅膀，始终保持积极的勤奋状态和良好的心态，勤奋、勤奋、再勤奋；修养、修养、再修养。那么，拥抱你们的必将是'成功人生'和'快乐人生'！"

曹春晓的演讲，获得了同学们的热烈欢迎，一些同学反映，难得听到院士这样生动、精彩的演说。尤其是曹老师从亲身经历中提炼出来的人生格言，对他们将来拥有成功人生和快乐人生，将是受用不尽的宝贵精神财富。

对此，《上虞日报》在2009年10月6日的头版新闻中做了报道："曹院士为故乡学子做了3场《怎样才能拥有好人生》的专题报告。每场一个多小时的演讲，浓缩了他一生的传奇经历、钛合金研究背后的艰辛故事以及求知治学的心路历程，成了他送给故乡学子最珍贵的见面礼。那朴素而辩证的讲演，真实生动的例子，加之风趣幽默的语言，获得在场师生的热烈掌声。"

曹春晓离开故乡前夕，上虞市市委书记叶时金在市人大常委会副主任、市科协主席徐光华陪同下，专程到曹春晓下榻处看望他，充分肯定他这次故乡行的成效，并赠送他《新修上虞县志》一套。同日的《上虞日报》还以"你是上虞的骄傲"为题刊登了赠书时的照片及说明。

2009年10月23日，曹春晓作为温泉中心小学的科技活动顾问和校外辅导员，高兴地参加了该校的科技节活动。他戴着少先队员献上的红领巾，面对可爱的孩子们做了一次鼓励全校同学为强国富民争做具有强烈"求知欲"和"创新欲"的"小科迷"的演讲后，就与围在他周边的六年级学生进行了直面对话。

回上虞作励志报告

大家抢着举手提问,场面十分热烈,曹春晓和校长、老师们都为之动情。分别时,孩子们都舍不得离开这位亲切的给予他们醇厚精神乳汁的曹爷爷。

(二)为"中国造大飞机"奔波效劳

曹春晓几十年来不知坐过多少次飞机穿梭于各大城市,但坐来坐去,不是美国的"波音"飞机,就是欧洲的"空客"飞机。对于一个有着强烈民族自尊心的中国人,特别是一个从事航空材料研究的航空人来说,曹春晓心里总有一种难以名状的滋味:为什么我们中国人不能自己设计制造出"大飞机"来呢?他曾多次与众多院士共同呼吁和建议早日立项研制"大飞机"。当曹春晓得知我国中长期科学和技术发展规划已把大型飞机工程列为16个重大科技专项之一时,兴奋极了。2006年,国务院批准成立大型飞机方案论证委员会。该委员会由张仲彦、顾诵芬、李未同志牵头(轮流主持),由19位委员组成,曹春晓为委员之一。从2006年7月开始,委员会紧锣密鼓地开展了大型飞机方案的论证工作。委员会全体委员两次去中南海向温家宝总理和国务院大型飞机重大科技专项领

第十一章 "院士后"时代

曹春晓鼓励温泉中心小学学生争做"小科迷"

导小组汇报工作进展情况,先后聆听了温总理、曾培炎副总理、张德江副总理等领导同志的重要指示。最后,方案论证委员会正式上报了包括发展大型飞机的战略选择、大型客机以150座级为切入点、大型客机的技术路线与自主创新、统筹与协调发展、风险分析与对策、体制机制等内容的工作汇报。

2007年2月26日,温家宝总理主持国务院常务会议,原则上批准大型飞机研制重大科技专项正式立项,引起了国内外的高度关注。

曹春晓在论证委员会中是唯一从事航空材料研究的委员。他与其他委员互相配合、协调共事,起到了独挡一面的重要作用,做出了自己应有的贡献。2007年,国家科学技术部向曹春晓颁发了荣誉证书,以表彰他"从事大型飞机方案论证工作,为发展我国大型飞机事业做出了贡献。"

2008年5月11日,中国商用飞机有限责任公司在上海揭牌成立,曹春晓参加了成立大会。之后,该公司聘任了一些专家组成了大型客机专家咨询组,曹春晓为该咨询组成员之一。2009年,经国务院批准,成立了大型飞机重大专项专家咨询委员会,曹春晓为委员之一。之后,他为"中国造大型飞机"经常奔

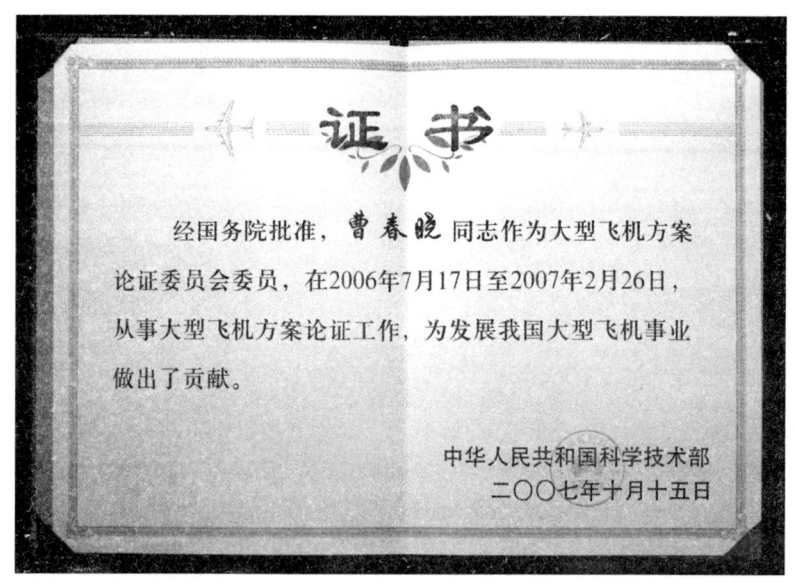

荣誉证书

大型飞机方案论证委员会工作总结会议合影（后排右七为曹春晓）

波于北京、上海、西安等城市之间，并殷切期待着中国自主设计制造的大型飞机早日飞上蓝天。他在很多场合都表达了有生之年的最大心愿就是希望自己健康长寿，最终有一天能坐上自己倾注了心血的中国自主研制的大飞机。

(三)为学会、协会工作尽义务

曹春晓考虑到学会和协会的活动具有很强的学术性、行业性和社会性,可以促进各领域学术水平的提高和各行业科技的发展,也有利于扩大本单位、本系统的学术影响力。因此,在头绪纷繁的工作中,他常挤出一些时间积极参加相关学会、协会的工作,主要的有以下几个方面。

(1) 1998～2009年10月,他担任中国航空学会理事兼材料分会副主任(2004年10月至今兼材料分会名誉主任),2000年12月至今还兼任中国航空学会学术工作委员会委员。2009年10月,他当选为中国航空学会第八届理事会的常务理事,并被授予"学会优秀工作者"称号。

(2) 鉴于曹春晓的锻压专业"出身"和长期以来在钛合金锻压工艺方面的成就,2003年,他当选为中国机械工程学会塑性工程学会(原锻压学会)理事长。在每届四年的任期中,虽然他年事已高和精力有限,但由于他能充分信赖和发挥其他理事会领导成员和学会秘书长的作用,塑性工程学会的各项工作和活动都能有条不紊地开展,因而获得了较好的口碑。最近,他又被聘为中国锻压协会顾问。

(3) 2002年,他出任中国有色金属工业协会钛业分会副会长,2004年出任会长(该届期间,钛业分会扩大为钛锆铪分会)。由于章程规定,分会会长每届两年,不得连任,因此,他在2006年任期届满后就不再担任会长。其后,他一直是该分会的顾问兼专家委员会的首席专家,继续为我国钛业的发展做贡献。

(4) 鉴于钛是一种重要的有色金属以及曹春晓在钛领域的学术成就和突出贡献,从2005年12月至今,他一直是中国有色金属学会的常务理事。

为昌航的发展尽心尽力

经南昌航空大学(原南昌航空工业学院,简称昌航)与北京航空材料研究院达成协议,曹春晓从2001年开始,同时在上述两个单位任职。曹春晓在昌航任校学术委员会主任,但主要精力仍放在北京航空材料研究院。在昌航的工作,他除了通过校学术委员会指导学校学科建设和科研方向外,对学校下属的各学院(系)特别是材料科学与工程学院的发展也给予了较多的关注。他经常在全校的新生开学典礼和应届毕业生的毕业典礼上语重心长地做一些引导性、启发性、鼓励性的讲话,每次的讲话稿都是他自己执笔撰写的。每当师生们和学校领导听了曹春晓富含人生哲理的讲话后,都很受启迪并鼓出发自内心的热烈掌声。一位学校领导说:"我听了很多次曹院士的讲话,感到每次都有新的内容、新的含义,能从中得到新的启发、新的收获。"

曹春晓同时在北京航空材料研究院和昌航任职,昌航这边当然也要给他一份报酬。一个人同时拿两份报酬,这使他心里十分不安。怎么处理好呢?他在琢磨这个问题。他平生淡泊名利,只求为社会多做贡献,做一个奉献大于索取,尽量使"顺差"升值的人。在中外科学家中,他最崇敬的是爱因斯坦。这不仅因为爱因斯坦杰出的科学成就以及颠覆传统的大胆创新精神,还因为爱因斯坦不求名利、只求奉献的高尚品格。爱因斯坦成名以后,各种荣誉和优厚的待遇扑面而来,可他却依然保持当年学生时代简朴的生活方式。1933年,为躲避法西斯迫害,他移居美国。普林斯顿大学以当时最高的年薪——16000美元聘请他作教授,他却说:"这么多钱!能否少给一点?3000美元就够了!"人们大惑不解:难道钱多了还会烧手?!他脱口道:"依我看,每件多余的财物都是人生的绊脚石,只有简单的生活,才是给我创造的原动力!"曹春晓钦佩爱因斯坦,对!就以爱因斯坦的方式来处理这个问题。他向学校领导表示:为了回报社会、服务社会,为了表达自己期望昌航不断提高教学、科研水平和不断出成果、出人才的心愿,打算将昌航给他的工资待遇全部拿出来设立"昌航之春"奖,奖励昌航在教学、科研和管理方面做出重要贡献的老师和干部。学校领导十分感佩曹院士的高尚品格,但不同意这样做,理由是"你在学校任职,给你报酬理所当然,你都捐出来给学校,等于没有要,说不过去,你的心意我们领了,但是报酬不能不要"。后经过反复协商,达成折中方案,即拿出大部分报酬作为"昌航之春"奖。2002~2009年,已评出了八届"昌航之春"奖,其中科研奖、教学奖和管理奖的奖金额度比例为 3∶3∶1。

2007 年，曹春晓听说有些学生虽然家境贫困，却能克服种种困难，取得学习、修养等方面的优异成绩，感动之余，他很想助这些学生一臂之力，鼓励他们在人生的阶梯上更上一层楼。于是，向学校领导再三提出从给他留下的小部分报酬中再拿出一部分另设"春晖"奖学金的愿望，终于得到校领导的理解和支持，于 2008 年起开始实行。曹春晓的义举在昌航传为佳话，为广大师生员工所推崇。学校领导一提起曹春晓的为人和他对昌航的贡献都赞不绝口，可曹春晓此时所想的只是淡泊明志，宁静致远，不为金钱所羁……

第十二章　多彩的人生

多元化的生活情趣

曹春晓的一生，无论从哪个视角去观察，用"绚丽多彩"来形容并不为过。无论是童年、少年，还是青年、老年；无论是事业还是生活，理性世界还是感情世界，本职工作还是社会活动，道德修养还是文艺修养……都那么熠熠生辉、光彩夺目。

曹春晓在给学生作励志报告时，曾赠给年轻人一副"善生活"的对联：巧安排忙里偷闲，爱生活情趣多样，横批是：永远年轻。其实，曹春晓本人就是对这副对联身体力行的一个范本。

在一些人的印象中，专家学者的生活大概都很单调。他们的生活空间除了实验室就是书房、卧室。他们脑子里成天转着的，不是原子分子就是 $X+Y$ 之类的玩意。其实不然，至少，曹春晓不是这样的。他有着广泛的业余爱好和丰富的精神生活。

德国大诗人歌德说："一个人每天应该至少听一支歌曲，念一首好诗，看一幅好画。同时，如果有可能，说上一两句有哲理的话。"曹春晓正是这样一种具有高尚情趣和丰富精神生活的人。

多才多艺的他，从小就爱好体育，特别是爱打乒乓球。他在学生时代就是个小有名气的"削球手"。年轻时他得过航空材料研究所的单打冠军，年老后他得过研究所内老年组冠军。他的"粉丝"特别喜欢看他打球，说他削球的姿势犹如舞蹈般优美。也有人说，他打球的风格犹如其人，以守为主，以稳为本，以柔克刚，以韧取胜。

唱歌跳舞则更是曹春晓的平生爱好。他常说，唱歌跳舞是一种最好的放松

曹春晓与乒乓球世界冠军蔡振华合影

休闲和健身强体的娱乐方式。当你唱歌或跳舞时,心情便被放飞到纯净的艺术天空,摆脱了世俗的烦恼和繁忙紧张的工作压力,脑细胞得到充分的休息和调养,工作精力将会变得更加旺盛。因此,他认为,唱歌跳舞是精神的营养素、生命的防老剂。音乐舞蹈可以陶冶人的情操,抚平心灵的皱纹,使我们的生活充满情趣,为我们的生活增光添彩。他曾在院内外多种场合登台演出;碰到机会,还会和朋友们去卡拉OK,尽情地潇洒一番。北京航空材料研究院建院40周年征集院歌,他雅兴所至,自己作词谱曲献上一首,热爱航空材料研究院之心跃然纸上;建院50周年的庆典晚会上,在一幕反映50年来航空材料研究院巨大变化的场景剧中,他扮演"爷爷"上台演出;遇有联欢之类的机会,他便会在舞场上一展身手,陶醉在优美的华尔兹或布鲁斯的旋律之中。

曹春晓从小就喜欢书法,这在一定程度上得益于父亲的影响,他父亲写得一手很漂亮的毛笔字。2009年,曹春晓应邀回家乡做报告时,又看到了父亲为族内契约代笔的真迹,他非常高兴,反复研究起父亲的书法来。由于曹春晓的笔锋犀利,在不少场合(如"院士行")他都能即兴挥毫。一些报刊、杂志也常请他题词。有人说他的书法风格,时而稳沉、端庄、严谨,时而飘逸、潇洒、奔放。

下棋是曹春晓的又一爱好。小时候主要是下象棋。在侄子曹大元成为九段围棋手后,他对围棋又发生了兴趣。偶有闲暇,便会和儿子或是其他年轻人下上两盘,

曹春晓在一展歌喉

曹春晓（前排右一）在庆祝北京航空材料研究院创建50周年晚会上演出

既能锻炼智力，又可增进友谊。遇到机会，他还会和曹大元下"让子棋"，虽必败却其乐无穷，因为这能学习九段的棋艺，领略九段的风采。曹春晓没有时间下功夫提高棋艺，但作为一种爱好和兴趣，还是能够从中得乐，以延缓老年人智力的衰退。曹春晓还亲手制作了一块木质围棋盘，两端分别写上"黑白世界"和"其乐无穷"的字样。

曹春晓与侄子曹大元（著名九段围棋国手）切磋棋艺

曹春晓认为，养花种草既能赏心悦目、陶冶情操，又可增添不少有关植物方面的知识，同时也是百忙之中松弛神经的一种休闲方式。多年来，他的阳台上总是摆满各种各样的花卉，其中他最喜欢的是清香脱俗的兰花。在种花、浇花、护花的过程中，看着花儿一天天地长大，花开花谢，繁衍生殖，他觉得很有意思。特别是当早春到来，万物复苏，花儿充满无限生机的时候，也是他最爱驻足观赏的时候。看着看着，就好像自己也跟着焕发出强大生命力似的。心情一爽，他就拿起相机"咔嚓咔嚓"留下花儿们的倩影。

曹春晓将自家阳台变为花室

花儿们在曹春晓的精心培养下竞相吐艳

名副其实的"孝亲敬老之星"

曹春晓和妻子张琲联恪守"忠孝"古训;在政治思想上忠于党、忠于祖国,一生积极为党的事业、为祖国的现代化奋力拚搏;在家庭生活中,他们一直非常孝顺双方的父母。他俩刚参加工作时,每人的月工资只有 62 元。当时,双方父母的生活无忧,无须他们寄钱,但他俩每月拿到工资后,还是各寄 20 元给双方的父母,以报答养育之恩。他们时刻挂念、关心着父母,只要有时间有机会,他俩就到上海探望父母,并带上北京的特产表示心意。20 世纪 60 年代,曹春晓的岳父因病去世后,就把岳母接到北京来住。曹春晓就像孝敬自己的母亲那样孝敬岳母虞银月,关系处得十分融洽。虞银月十分喜欢这位好女婿,见人就夸,还半开玩笑地说:"丈母娘看女婿,越看越有趣。"(宁波人一种夸赞女婿的俗语)曹春晓的父母在 1982、1993 年相继去世后,曹春晓夫妇更是把对长辈的爱和孝集中到了虞银月身上。由于岳母年迈体弱,老年痴呆症越来越严重,夫妻俩便决定雇用保姆照顾老人的起居和生活,以让她度过一个安顺的晚年。在老人生病住院时,由于老年痴呆症,她常常拒绝输液(有时自己拔掉输液针管）或者大小便失禁，因此，除保姆看护外，曹春晓夫妇也得耐心地轮流值班照顾。在夫妻俩的精心照料下，老人的痴呆症发展速度得到了控制，肺炎、骨折等疾病得到及时治疗，老人成了环山村地区的头号老寿星。为此，曹春晓于 2008 年 10 月被温泉镇政府授予"孝亲敬老之星"的奖状。

2009 年 7 月 16 日，虞银月老人终因再次肺炎引起肾功能衰竭而病逝，享年 99 岁。曹春晓夫妇满怀悲痛地送走了他们的最后一位长辈。

曹春晓的家乡绍兴上虞，自古就有敬老重孝的传统。当地百姓传承孝道，形成了敬老爱老的良好社会风气。曹春晓自幼受父母的教育和熏陶，孝道早已深植心中，尤其是对妈妈更有一种报答不尽的特殊感情。曹春晓认为，父母的养育之恩，恩重如山。感恩戴德、孝亲敬老是一个人的基本良知和道德水准。如果对父母都不孝顺，对长辈都不敬重，还能谈得上对社会和对他人尽心尽力地作奉献吗？在将岳母接来北京一起生活后，曹春晓不仅做到使岳母在物质上衣食无忧、有求必应，更注意使老人将女婿当儿子，在精神上享受幸福。因此，曹春晓被评为"孝亲敬老之星"也就是理所当然的了。

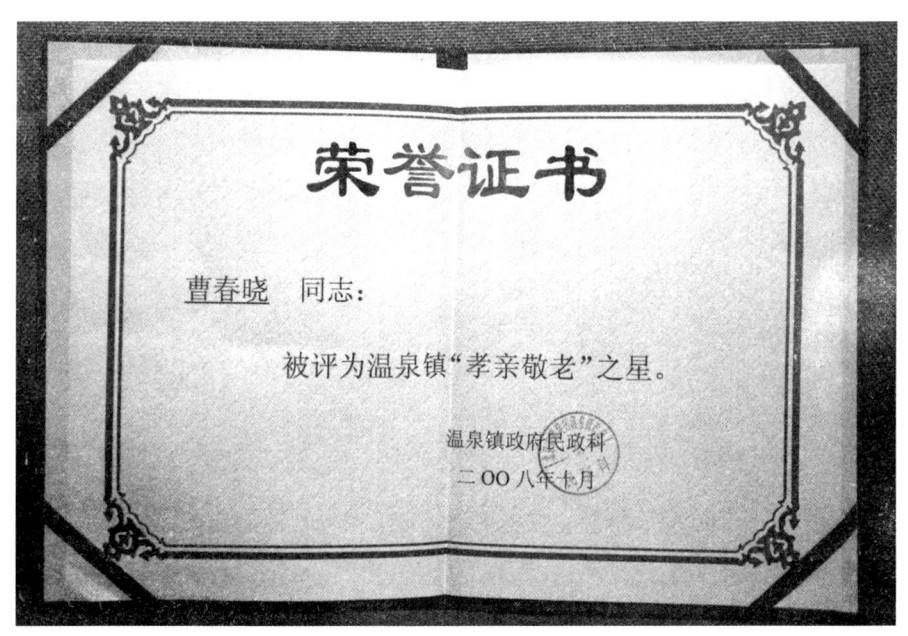

曹春晓获得孝亲敬老奖状

金婚庆典

光阴荏苒,曹春晓和张珥联的结婚典礼似乎还历历在目,可一转眼,便到了他们的金婚纪念日——2008年2月7日。夫妻俩原打算请一些亲朋好友聚一聚,搞次金婚庆典活动,但由于某种原因未能实现。

事有凑巧,航空材料研究院领导出于对本院一百多对金婚夫妻的关怀,决定举办一次隆重热烈的庆贺金婚的集体纪念活动。为了摄好金婚照,曹春晓和张珥联精心挑选好服装,高高兴兴地跑到研究院指定的照相馆合了影。当配有像框的大幅金婚照拿回家时,儿子、儿媳一看都拍手叫好:"看,爸妈多亲热、多浪漫啊!"他们当即便将这张喜气安详的金婚照挂在爸妈卧室的床头。曹春晓凝视着金婚照,不禁心潮起伏,回忆50年来,夫妻同舟共济,互敬互爱,牵手走过沟沟坎坎,穿越风风雨雨,真是不容易呀!金婚,金婚,名副其实,黄金再贵,也比不上这50年的婚龄珍贵!

集体金婚庆典那天,曹春晓夫妻俩带着"隔代更亲"的小孙子曹钰清兴高

曹春晓与夫人参加金婚庆典

采烈地来到聚餐的燕飞厅。当他们牵手走进"金婚彩门"时,曹春晓把一朵鲜红的玫瑰花情深意长地献给了与他同甘共苦的爱妻张琲联。这朵玫瑰花既表示曹春晓对妻子的爱,也表示他对妻子50年来的相知相爱和全力支持的真诚感谢。

喜气洋洋的金婚典礼结束后,曹春晓夫妇自信地相约在2018年,一定要更好地庆祝他们的钻石婚。而纪念的最好方式是一起登上咱们中国自主设计制造的大型客机,遨游在祖国美丽的蓝天!

永远鲜红的政治生命

曹春晓不到20岁就在上海交通大学入了党,到2009年,他的党龄已有55岁,可说是个老资格的布尔什维克了。一谈到党,他就会满怀深情地说:"我的自然生命是父母给的;我的政治生命却是中国共产党给的。我珍惜自然生命,更珍惜政治生命。我活着一天,就要为党的事业奋斗一天。"他这样说也是这样做的。几十年来,他把本职工作和社会工作与党的事业紧紧联系在一起,每完成一项科研任务或社会工作,他就会感到自己又为党的事业尽了一份力。研究院党组织的各种活动,他都积极参加并全力支持。鉴于此,组织上再三邀请他为研究院内争取入党的积极分子上党课。曹春晓根据自己几十年来的亲身体验,将党课题目定为:我的心永远跟党在一起。讲座中,他畅谈了半个多世纪来对党的认识和对党的感情以及本职工作与党的事业的关系,对听众很有启发,取得了良好的效果。

由于曹春晓在党员和群众中有较好的声誉,2009年,经投票选举,他当选为党员代表,先后参加中国航空工业技术基础研究院党委(航空材料研究院的上级党委)和中航工业直属党委召开的党代会。

曹春晓的一生是和党的事业紧密相连,为党的事业努力奋斗的一生。他的政治生命永远是鲜红的。在入党半个多世纪后,他仍然牢牢铭记他在入党志愿

曹春晓（右六）参加中共中航工业直属第一次代表大会

书中下的决心："在党的教育下，我懂得了应当怎样对待和充实自己短促的一生，我要像保尔·柯察金、黄继光、吴运铎等英雄人物那样，把自己的一生献给党的事业——共产主义事业。"

尾声　隐形的翅膀

曹春晓的事业何以能腾飞到今天这样的高度？他的头顶上何以能有如此多的耀眼光环？这是因为在他身上有着一双坚强的隐形翅膀，带着他高高翱翔，带着他飞越一个又一个科学高峰。

这双翅膀的左翼是他自投身钛合金研发事业时就立下的"耕耘钛业，献身航空，报效祖国"的理想。为了实现这个理想，他的胸中一直装着一台以满腔热血为能源的强大的精神发动机，驱动着他的整个人生不停地运转，不停地升腾。个人的理想，只有与国家的理想完全合拍，才能产生巨大的动力并取得瞩目的成就。正如曹春晓所说："只有把个人事业完全融入伟大事业的人，才能坚韧不拔、百折不挠地走上人生的成功之路。"

翅膀的右翼是他自己提炼的始终在指导他前进的诸多人生哲理。

这位在上海交通大学读书时就入党的学者，在人生观刚开始形成时，就按照对社会的贡献和索取把人分为三类：第一类，贡献和索取基本平衡；第二类，索取大于贡献，逆差；第三类，贡献大于索取，顺差。他认为顺差愈大，人生价值也就愈高。他要利用有限的生命放出最大的光和热，实现自己人生的最大价值。

有人问曹春晓："你认为事业成功必须具备哪些条件？"他列出了四个要素：天资、勤奋、机遇、修养。他解释道：主要是勤奋和修养。在勤奋方面，他提出了"三勤"，在修养方面，他提出了"三善"。他说："你想同时拥有成功人生和快乐人生吗？那么，向你招手的是'三勤三善'：勤学习、勤实践、勤思考；善自控、善合群、善生活。"

勤学习，才能吸取前人已有的科学知识和经验教训，及时掌握国内外动态，站在高的起点向上攀登。

勤实践，才能取得第一手资料，才能有真知灼见，才能拥有创新的基础。

勤思考，才能有良好的学习和实践效果，才能融会贯通，开阔思路，提炼升华，发明创造。同样搞一项试验，同样看一篇文章，勤思与否，效果大不一样，收获大不一样。他深有体会地说："从感性认识到理性认识的飞跃，必须经过艰苦的思索、分析、归纳、总结，这是成功的秘诀。"曹春晓的许多发现及许多科研成果，都是在刻苦学习和大量探索试验的基础上，经过冥思苦想取得的。对此，他曾写过一篇题为《三思而行，行而三思》的文章发表在《院士思维》一书中。文中有许多根据自己亲身体验总结出的"三思而行才能择善而为"，"行而三思才能脱颖出新"等充满唯物辩证法的精辟论述。

善自控，就是在各种情况（包括周围不良风气）下都要善于自我控制，特别要做到顺利成功时自谦自丑，困难失败时自信自美。曹春晓正是因为善于自控，胜不骄，败不馁，百折不挠，勇往直前，才能在攀登科学高峰的崎岖道路上，克服了一个又一个的艰难险阻，占领了一个又一个的"高地"。

善合群，就是要有群体观念，要善于搞好上下左右的关系，团结协作，共同奋战。这也是搞好工作、取得成绩的一个重要因素。曹春晓在这方面为我们做出了一个很好的榜样。只要和他一接触，那种平易、随和、亲切之感便会油然而生。你不会感到他是一个在航空和冶金系统享有盛名的大专家，而只会把他当作友好和善的朋友，推心置腹的知己，循循善诱的老师。他自己提炼出来的人生哲理中，还有16个字是：自尊尊人，自爱爱人，自信信人，自明明人。他负责的课题中，有一些是涉及到部内外多个厂、所、院、校，人数众多的大型课题。在头绪纷繁、关系复杂的科研活动中，正是由于具有这种善合群的品格，无论是在"内政"或是"外交"方面，他都能处理得很好，把我们民族尚存的一些负面的历史积弊——"窝里斗"、摩擦、内耗减少到最低限度，使整个题目组能像拔河比赛一样，心往一处想，劲往一处使，形成合力，这也可以说是他在事业上获得成功的一个重要法宝。曹春晓善合群的这种品格特征，确切地说是良好的修养，自然给他的科研工作创造了极好的人际关系氛围，不管在哪个工序，无论是哪个关口，只要一听说是曹老师的试验，就一路绿灯，使他的科研题目得以顺畅进行。

善生活，就是要使生活丰富多彩，情趣多元化。曹春晓认为，事业是人生的主要部份，但不是全部。献身事业与热爱生活并不矛盾，而是相辅相成，相得益彰。善生活有助于保持良好的情绪和旺盛的精力去投身于事业。当有人问及："三勤"应当是很辛苦的事，为什么说"三勤"能够帮助人们同时兼有成功人生和快乐人生呢？他的回答颇富哲理："三勤"的过程虽然是艰辛的，但当求知欲、创新欲成为你的"第一欲望"时，那么，"三勤"的过程就会变得如此快乐，从而达到辛而不苦，劳而有乐的境界，就会把"成功人生"和"快乐人生"很好地融合到一起了！

曹春晓曾深有感触地说："重大的科学成就从来只属于那些具有强烈'求知欲'和'创新欲'的有志之士。"因为"求知欲"和"创新欲"不仅是一种兴趣、爱好，更是一种推动科学研究的强大动力。大凡发明创造，无不是在强烈的求知欲和创新欲的驱动下完成的。

在一次向青年人发表演讲的集会上，有人问他："您认为怎样才能拥有一个好的人生？"他回答说："只有拥有好心态，才能拥有好人生。"他说，好心态就是好的思想状态、好的精神状态、好的心理状态。具体地说，就是要有积极向上、乐观豁达、谦虚平和、淡泊名利的心态，执着追求既定目标，在实现人生价值中享受快乐。

曹春晓的这些富于哲理性的独到见解，既是他处世经验的提炼，也是指导他走向辉煌人生的路标。

曹春晓正是靠他的这双隐形翅膀飞过了多彩的昨天，正在飞向更加灿烂的明天！

鲁迅曾把那些为民族解放和为国家振兴而前赴后继的奋斗者称为中国的脊梁。那么，在社会主义建设时期，像曹春晓这样的为祖国现代化奋力拼搏、多有建树的开拓者不正是当代中国的脊梁吗？

可以说，曹春晓的生命已经绽放得十分美丽，犹如一首激情的诗，一幅多彩的画。然而，对生命意义的诠释，对实现人生价值最大化的不懈追求，使他仍在不停地耕耘、创造，他要使生命像绚丽的鲜花那样绽放得更加美丽……

我眼中的曹院士

愿航空材料研究院涌现出更多的曹春晓

北京航空材料研究院　李光远　研究员

我是 1960 年从苏联留学毕业分配到北京航空材料研究所金属压力加工实验室的。当时曹春晓是有色金属压力加工专业组组长，也是课题组长，研究钛合金板材、棒材的压制。在与曹春晓共事的几年中，他对业务的钻研，对专业组的管理，给我留下了深刻的印象。

他努力学习、钻研，对钛合金的基础知识和专业知识掌握得较深较透。研究大纲写得非常周密、详尽。对科研中出现的问题，能够上升到理论上来分析、探讨，因而能够找出正确的解决途径，取得科研的成功。

作为课题组长，他身先士卒，带领课题组成员一起奋战在科研现场；作为专业组长，他还要兼顾、指导其他课题组，并协调课题组之间的协作、配合。由于他周到、细致的人性化管理，整个专业组成员的积极性都被调动起来，大家都乐意在他的指导下工作。外单位的同志看到我们这个团结、友爱、和谐、融洽、朝气蓬勃的专业组，都非常赞赏。我们专业组多次被所里评为优秀专业组。曹春晓作为专业组长，可以说是出类拔萃的。

曹春晓一贯勤勤恳恳、任劳任怨；一心为工作，从不讨价还价；学术上造诣很高，取得多项达到世界先进水平的科研成果；作风上很正派，对人一视同仁，不搞帮派。当选院士是水到渠成，名副其实的。

曹春晓不愧是老一代科研工作者的杰出代表。愿航空材料研究院能够涌现出更多的曹春晓。

助人为乐的曹春晓夫妇

北京航空材料研究院　唐龙章　研究员

在文化大革命前的一年多时间里,我和曹春晓在一个专业组搞 TC4 钛合金。他负责研制发动机叶片,我负责研制发动机盘。虽然不在一个课题组,但他对工作的积极、认真、细致、周密,给我留下了深刻印象。

曹春晓在工作中善于分析、归纳、总结、提高,题目技术总结写得很全面、很有条理、很富有启迪。他善于将试验中的现象、数据提升到理论层面上去解析、认识,并得出创新性的结论,他写的论文都是很有质地和份量的。

曹春晓肯动脑筋,善于思索,不断总结,不断提高,促成了他学术上的进步并逐渐攀登到科学技术的高峰。

曹春晓不仅在工作上带着大家干,在生活上也很会关心人。一次,当我出差在外地时,我的小孩病了,我爱人非常着急。曹春晓知道后就帮助打听,并带着我爱人和孩子一起去城里医院医治,使我爱人很是感动。

曹春晓和他爱人张玶联都是助人为乐的热心人。同志间不论谁有困难,他们都会主动帮忙。张玶联在外热心公益活动,在家是一位贤妻良母型的家庭"后勤部长",里里外外一把手,为曹春晓腾出时间专心搞科研创造了良好的条件。曹春晓夫妇对人关心、体贴、细致,在航空材料研究院是有口皆碑的。

善工作懂生活好助人的曹老师

北京航空材料研究院钛合金研究室主任 黄旭 研究员

我和曹老师是在北京航空材料研究院的大门口认识的。那是 1992 年 8 月底的一天，他刚下班，推着一辆墨绿色的"永久"牌旧自行车从院门口出来。有人告诉我，这就是 15 室的钛合金专家曹老师。他停下来，热情地同我握手，笑声很爽朗，声音很洪亮："你好，你好，很高兴认识你，我是曹春晓，曹操的曹，春天的春，知晓的晓。"他当时 50 多岁，瘦瘦的，戴一副深度近视眼镜，穿一件白色短袖衬衫，精神抖擞，底气十足，俨然学者风范。我当时还在西北工业大学读硕士，对钛合金知之甚少，于是试探着问了一句："曹老师，钛合金是作什么用的？还能研究多久？"曹老师一说起钛合金，很自豪，也很动情："钛合金号称'第三金属'，既能用作航空发动机零件，也能用作飞机机体部件；既能锻造，又能铸造，是一种很有发展前途的金属材料，但因为国内研究得还不够，又比较贵，航空上用量还不大，民用则更少。但我相信，国家今后会投入更多的人力、物力、财力，系统地研究它几十年。"

就是这短短的几句话，使我和曹老师以及钛合金事业结下了不解之缘。

1994 年下半年，我在西北工业大学即将硕士研究生毕业的时候，面临免试升学后博士研究生的导师和研究方向的选择，我首先想到了曹老师和钛合金。在征得西北工业大学周尧和院士的同意后，我写了一封信寄给曹老师，希望他具体指导我在钛合金研究室做博士论文研究工作。很快我就收到了回信，是高扬老师写给我的。热心的高老师在信中告诉我："由于曹老师连续工作，疲劳过度，突然病倒，正在医院接受治疗，他怕你着急，特地委托我回复你，同意你来做博士论文的申请，欢迎你来为航空钛合金出一份力量。"我读着来信不禁热泪盈眶，一位奋斗了一生，已到退休年龄的长者，依旧为他所热爱的事业奔波忙碌，直到工作负荷超出自己的体能而病倒。虽然躺在病床上，曹老师仍热情地回应仅有一面之交的年轻学子的求学之情。

1995年10月，怀着对曹老师的敬意和对学业的憧憬，我高高兴兴地踏进了航空材料研究院的大门，同曹老师一起坐在研究室二层的一间办公室。这间办公室十几平方米，坐着5个人，窗户朝阳，曹老师就坐在靠窗户的一张木制的旧办公桌边，桌上放着一个脱了漆的文具盒，里面有一支钢笔、一段铅笔、一块橡皮、一把尺子。右手边放着几叠复印用过的废纸装订成的草稿本，在上面有经他反复修改完善的试验分析报告。边边角角掉了漆的铁皮柜用来放置各种课题资料。到了夏天，火热的阳光直射在曹老师的办公桌上，他不顾炎热，总是埋头看资料或者写试验方案，一坐就是几个小时。我初来乍到，有很多问题要请教曹老师。可走近他的身边，叫了几声"曹老师"，也没见他抬头，显然，他的思绪还沉浸在试验报告里。后来时间一长，我才知道，他并不是不想理你，而是工作时太专注了，以致声音、炎热、干渴也难以干扰，不知身边人的说笑，感觉不到阳光的炎热，常常一个上午也不喝水。

从这间办公室里，经常传出他朗朗的笑声。我们的任何话题都可以同曹老师说，不论有关工作的、学习的、生活的甚至逗乐的。大家都乐于得到曹老师的指点和帮助，无论什么事我们都想听听他的看法，征求他的意见和建议，因为他的思维很严谨，分析很透彻，说得有理有据，有分寸，有余地，我们听得口服心服，没有任何牵强附会的感觉。

他总是那么开开心心，无忧无虑，有时候走在路上哼着小曲，灵感来了就谱写一首词曲，休息时爱唱唱歌，跳跳舞。和大家在一起时，常常谈笑风生，乐不可支，有时还让人笑得肚子疼，流眼泪。我们羡慕他有一个快乐的家庭，他和老岳母在一起生活了40多年，常常看见他和老伴一起步行去附近的农贸市场买菜，小孙子是他的心肝宝贝，抱着他或用小车推着他在小区转悠是他最快乐的事。

我和其他同事一样，享受了助人为乐的曹老师和他爱人的许多恩惠。我刚上博士时儿子就诞生了，经济上比较困难。有一段时间，曹老师和他爱人张阿姨几乎每周都来家里看望我们，还带上张阿姨做的可口的菜肴。看到我们没什么家具，就把自己家还在用着的一对一模一样的沙发送给我们一只，我儿子在软软的沙发上蹦蹦跳跳，高兴坏了。有一次，我们带着孩子去曹老师家玩，那年他才3岁，他对着自己很熟悉的沙发说："我们家的沙发怎么在这儿呀？"我们都被孩子天真无忌的话逗乐了。天气热了，曹老师又把家里的电风扇送给我们。这些家具家电虽然旧些，但都完好无损，就像他现在还骑着上下班的"永久"牌旧自行车一样。

曹老师今年75岁了，为航空事业兢兢业业地拼搏、奉献了半个多世纪。现在，我看到的曹院士，还是那样专注、谦和、简朴、健康、开心、助人。好人长寿，我衷心祝福曹老师永远健康，永远快乐。

多彩的人生——记中国科学院院士曹春晓

我与曹春晓院士的师生情缘

北京航空材料研究院钛合金研究室　蔡建明　高级工程师

曹院士是我尊敬的长者,也是我的恩师,10多年的朝夕相处,曹院士的天资、勤奋、认真、严谨、豁达、随和等等给我留下了深刻的印象。

第一次见到曹院士是在1996年5月2日的上午,当时,我刚从合肥工业大学考入北京航空材料研究院攻读硕士研究生,来研究院参加面试时,曹院士是4个面试老师中的一个。我这个人生性胆怯,研究生入学面试,对我来说压力很大,好几天前我就已经是寝食难安了,在见到几位面试老师时更是忐忑不安。

曹院士一开始跟我聊起了家常,问我家是哪儿的,有什么兴趣爱好,等等。十分幸运的是,我和曹院士都是浙江老乡,曹院士又那么和蔼可亲,心情立马放松了许多。随后马济民老师、高扬老师考了我一些专业方面的知识,整个面试过程相当轻松,与我事先在脑子中想象的完全不同。钛合金研究室的几位老师给我留下了非常好的印象,现在回味起来,仍感觉是那么的温暖和幸福。从那一天起,我与钛合金便结下了一世情缘,几位前辈老师带我进入了一个多姿多彩的钛合金世界。

在北京航空航天大学度过一年的基础课学习之后,我于1997年7月正式回到研究院内学习。更为有幸的是,实验室里将我安排在和曹院士一个办公室,而且我们俩都是凭窗而坐,空间距离的缩短也拉近了我们心灵之间的距离。1997年9月,曹老师当选中国科学院院士,当颜鸣皋院士从评审会场打电话给曹院士报喜时,曹院士没在办公室,是我接的电话,因此,我有幸成为了整个研究院内第二个知道曹老师评上院士的人。当时我的激动心情真是难以形容。我和曹院士在一个办公室共事了三四年,时时感受着曹院士的勤奋、认真、严谨、求实的学术作风和豁达、乐观的性格,使我以沐浴阳光般的心情度过了一天又一天快乐的日子。在轻松自由的氛围下,曹院士对我们这些晚辈在钛合金专业和为人方面的传道、授业、解惑,使我受益匪浅。

曹院士在国内钛合金界是非常知名的专家和权威，经常有各单位的人来找曹院士咨询钛合金方面的问题或者进行钛合金缺陷失效方面的仲裁分析等，曹院士凭借自身50多年的积累，以及严谨的逻辑思维，往往能将一个问题解释得非常透彻，让外单位人员佩服不已。由于在同一个办公室，曹院士每次总是带着我一起讨论问题，有时还需要做试验，让我逐步认识到了钛合金在现场生产和使用中还存在那么多的问题，大大开拓了我的眼界，使我对钛合金的缺陷产生原因及其控制措施有了更为清晰的认识。在我10余年的硕士、博士学习和科研中，沿承了曹院士的认真细致和一丝不苟的科研工作方法，在一些重要的学术观点上逐渐能够提出自己的见解。

尽管头上拥有如此多的"光环"，但曹院士的谦虚、随和是出了名的。他毫无架子，和曹院士在一起总是那么无拘无束。工作之时，我们可以随时打扰曹院士，请教各种各样的问题；工作之余，大家拉拉家常，使我们这些晚辈感受到轻松自由的氛围。尽管研究工作是相对枯燥乏味的，有时还很揪心，但是跟着曹院士一起做课题，往往能迸发出一些灵感，并找寻到很多乐趣。记得有一次，我在看文献资料时，碰到钛合金"双态"组织有三种英文表述（即Dual，Duplex和Bimodal），很疑惑，不知三者之间区别何在？请教曹院士后，曹院士花了很长的时间为我认真解释这三种表达的异同点，令我有豁然之感，同时也感受到了曹院士在钛合金专业知识方面的精深。

和曹院士相识时间长了，就常到曹院士家玩，慢慢和曹院士爱人张阿姨也熟悉了。张阿姨有一次跟我说，当年曹老师在起草某钛合金锻件标准时，需要建立一套显微组织标准评级图谱，当时所有的金相照片都是纸质的，为了一份评级图，曹院士花了很多精力，甚至通宵达旦，从大量的各类金相照片中选出相应合适的照片，再用裁纸刀将照片中最典型的部位按规定尺寸裁切出来，并定好级别。这份标准已使用了将近20年，目前仍在使用，深受各航空厂所的赞誉。前两年我作为主起草人修订该标准时，仍沿用了曹院士当年制定的那套显微组织标准评级图谱，尽管是区区的几张金相照片，在我们这些从事钛合金专业的人员看来，至今还无人能给出一套更为科学合理的图谱来。另外，我一直保留着曹院士发表于1962年的第一篇学术论文《热塑性变形条件对 α+β 型钛合金显微组织与机械性能的影响》，文中曹院士提出了两种新的钛合金变形方法："超高温锻造"和"相变温度压延"。尽管论文发表至今已近半个世纪，但这两个概念对我们现在的钛合金锻造理论和实践仍有重要的参考价值，由此可见曹院士的功力之深厚、工作之扎实。

20世纪70年代和80年代，曹院士从事新型钛合金锻件研制时需要常年在贵州安大厂跟产，那个单位现在称为贵州安大航空锻造有限责任公司。当年安大厂的住宿条件非常简陋，房间内经常有老鼠光顾。在这样的艰苦条件下，曹院士常年跟产，并乐此不疲，扎实工作，研制出了一批又一批优质的钛合金锻件，为我国的航空事业做出了巨大贡献。曹院士特别随和，与工程技术人员和工人师傅们一起解决了一个又一个现场生产难题，深受工人师傅们的爱戴。现在，每当我去安大厂进行科研课题跟产时，那些曾经和曹院士共过事的工人师傅们还总是急切地问起曹院士的现况，身体怎么样啊，工作忙不忙啊，也向我聊起曹院士当年在厂里的情景，每每令我感慨不已。当我向他们说曹院士身体很好，工作也很忙时，工人师傅们那个高兴劲真是无法形容，这种朴素的情感令我感动。

曹院士的表率作用鼓舞了我们这些学生和后辈，每当工作中遇到挫折和难处时，想起曹院士当年的工作和生活条件，我们内心很快就会释然，内心充满着一种使命感和荣誉感。近些年来我也曾有一些机会离开现在的钛合金科研工作岗位，但一想到以曹院士为代表的老前辈们为我们开创的基业和搭建的舞台，我还是放弃了，不为其他，真的是想沿着前辈们的足迹继续向前攀登，研制出要求更高、性能更好的钛合金材料，为我国的航空事业做出应有的贡献。

如今，曹院士虽年逾古稀，但仍壮心不已，肩负着国家重任，继续在为我国的大飞机项目和其他航空项目努力工作着，释放着自己的光和热，这种忘我的工作精神值得我们学习和继承，也将永远激励着我们以更加积极的心态去投入工作。作为学生、晚辈和小老乡的我，衷心祝愿曹院士健康快乐，为我国航空事业的跨越式发展做出新的更大贡献。

师恩深似海　师德铭于心

北京航空材料研究院　李臻熙　高级工程师

1997年秋，我从江城武汉的华中理工大学硕士研究生毕业，来到了北京航空材料研究院攻读博士学位，师从钛合金材料科学家、中国科学院院士曹春晓。

曹老师为我选的研究方向是 γ-TiAl 基金属间化合物。TiAl 合金是美国空军实验室和 GE 公司在 20 世纪 90 年代初开始研究的一种新型轻质耐高温结构材料。曹老师对航空钛合金的发展趋势有非常敏锐的眼光和判断力。国外的研究论文刚一发表，曹老师就意识到这是一种非常具有发展前途的新型高温钛合金材料，立即在 1993 年指导博士生开展 TiAl 合金的探索性研究。我是曹老师在 TiAl 合金研究领域指导的第二个博士。当时曹老师对我说，航空发动机上用的高温钛合金，发展到现在已经几十年了，但它们的最高工作温度仅从 400℃ 提高到了 600℃，发展更高温度的传统的端际固溶体型高温钛合金已经非常困难了，而有序强化的 TiAl 基金属间化合物长期工作温度能达到 760℃ 甚至 800℃，是一种革命性的跨越，将是未来非常重要的一种航空发动机用高温结构材料。现在看来，这是多么具有前瞻性的科学判断。2007 年，TiAl 合金已经在 GE 公司最新型的发动机 GEnx 上实现了工程化应用。

曹老师的远见卓识对于我国航空发动机用高温钛合金专业发展起着至关重要的作用。专业组现在还在研究的 600℃ 高温钛合金、阻燃钛合金、Ti_3Al 和 TiAl 合金、颗粒增强钛基复合材料等研究方向都是曹老师当年担任专业组组长时所开创的。

"十五"期末，当时专业组的发展处于低谷，课题少，科研经费缺乏，专业组人员流失严重。当我怀着焦虑的心情和曹老师谈起这些的时候，他总是鼓励我说，虽然这些年在发动机用高温钛合金研制方面的投入较少，但要相信，国家在不远的将来是一定要解决飞机"心脏"问题的，专业组目前这些重要的研究方向一定不能丢，要有信心坚持下去。果然，到了"十一五"后期，国家相继启动了多个航空发动机材料与制造技术的重大项目，专业组在此期间也相继立项了高温钛合金瓶颈技术、XX型号发动机钛合金叶片、盘和鼓筒研制等多项课题，科研经费大幅增加，科研骨干人心稳定，工作积极性高涨，专业组迎来了又一个蓬勃发展的春天。

曹老师在工作中严谨笃实的科研作风深深影响着我们这些年轻的科研工作者。有一次，一家航空锻造厂和材料供应单位因对一批钛合金产品的冶金质量判定产生了分歧，送到我院进行质量分析和仲裁。当时我们对样品只进行了常规的金相分析、显微硬度测试和扫描电镜能谱分析，就给出了结论。曹老师在听了我们的汇报后，立即指出实验结果还不能完全支持我们的结论，证据还不充分，要求我们再补充进行俄歇电子能谱分析实验，准确测定样品表面微区成分，避免普通电子能谱分析结果中基体成分的干扰。曹老师告诫我们，航空钛合金的冶金质量分析无小事，大则关系到飞机和发动机事故，小则关系到一批价值几十万上百万的产品因错判而造成经济损失，一定要有充分准确的实验数据支持才能下结论。而今，我们在科研工作中仍时刻铭记曹老师的叮嘱。

曹老师待人非常和蔼，即使是批评我们的时候，言辞也很缓和。但是，有一件事让我见识了曹老师严厉的一面。在我攻读博士期间，有一天熔炼了两个TiAl合金铸锭，放在办公室，第二天上班时发现铸锭出现了裂纹。

曹老师看到后面色一沉问我："什么时候熔炼的？"

我回答说："昨天刚熔炼的。"

"知道为什么开裂么？"

"残余热应力释放引起的。"

曹老师很生气地说："既然知道原因，为什么没有及时退火？"

我解释道："昨天热处理炉没空闲，打算今天再退火的，心想放一天应该没事的。"

曹老师严厉地批评我："科研工作不能有一丝的侥幸心理，更不能自以为是，要充分考虑各种可能出现的情况，提前做好实验准备。"

这件事给我的教训非常深刻，使我在此后的科研工作中能从多方面综合考虑问题，做实验前系统地安排好各实验步骤和工序，尽可能地降低实验风险。后来读到《院士思维》一书中曹老师写的"三思而行才能择善而为"，"行而三思才能脱颖出新"这两句格言时，感悟更加深刻。

曹老师关心年轻科研人员的成长，多次提到要给年轻人创造良好的科研条件，要给予他们成长和锻炼的机会，鼓励他们积极主动地承担科研课题。例如，2004年曹老师和西北工业大学、哈尔滨工业大学联合申报了一项国防"973"项目：航空复杂构件精确成形过程设计与控制的理论和方法。项目启动运行了一年，在度过了磨合期后，曹老师主动向总装机关领导表示应该锻炼和培养年轻科研人员，并推荐熊艳才和我担任课题一的第一、第二负责人。此前，我从未参加过这么大型的项目。非常感谢曹老师，通过这个"973"项目很好地锻炼了我的组织、协调、沟通能力，同时在将基础理论与应用研究相结合方面有了长足进步，对我今后的科研工作有着很大的帮助。

如今的曹老师仍显得那么年轻而富有激情，步履仍是那么矫健，歌声仍是那么优美，下围棋时思维仍是那么敏捷。衷心祝愿曹老师健康长寿、幸福安康！

在院士的熏陶和培养下成长

北京航空材料研究院　熊艳才　研究员

我于1996年博士毕业到北京航空材料研究院工作，从事铝合金铸造（含精密铸造）工艺研究。2003年，我有幸与曹春晓院士、西北工业大学傅恒志院士和哈尔滨工业大学雷廷权院士一起策划、论证国防"973"项目，曹院士是该项目的技术首席。从那时起，我在曹院士的指导下，和他一起负责我院承担的某项国防"973"项目的论证、实施。该项目于2009年9月顺利通过验收。

6年的题目工作中，在曹院士的熏陶和培养下，使我不断地进步和成长。他渊博的学识、严谨的科研作风、大胆创新的精神和乐观向上的生活态度给我留下了深刻的印象，下面就具体地谈谈。

首先是学识渊博。国防"973"项目是具有共性的重大基础研究项目。在申请项目初期，我把握不好项目的内涵和方向，以习惯性的思维偏向某个专业的应用研究，不知从哪开始着手论证。曹院士说，要体会和把握项目的命题，首先，项目要覆盖材料成形技术，以装备制造中两个主要的成形技术——凝固成形和塑性成形技术展开；其次要体现项目的共性基础，即从材料液态特性开始研究成形机理、规律和方法。在曹院士指导下，我们申请的项目顺利通过答辩，成为制造技术领域首个国防"973"项目。

其次是大胆创新。由于国防"973"项目涉及面宽，而且又是十分传统的成形技术基础研究，创新难度相当大。曹院士说，在项目实施过程中，一定要注重创新，要提出新的机理、规律和方法，只有创新才能推动成形技术不断向前发展。曹院士自己的专业是钛合金及塑性成形技术，针对制约我国飞机用大型整体钛合金隔框成形的技术瓶颈，他提出用分步锻造这种新的思路和方法，克服当前设备能力不足的制约。他带领大家开展大量的工艺试验，在掌握成形规律的基础上，控制隔框中间部位的组织及缺陷，最终研制出整体钛合金隔框模拟件，大幅度降低了设备载荷和加工余量，为先进飞机整体钛合金隔框研制奠定了理论和技术基础。

第三是治学严谨。曹院士治学十分严谨，在项目论证过程中，反复提炼关键问题，精心策划课题、专题设置，论证报告一遍一遍修改，最后文稿的语法、措辞和错别字还要一个一个地亲自修正。记得在项目中期评估过程中，汇报PPT要一张一张地过，每个图片和每个文字表达的意思、逻辑关系等都要搞清楚。在成稿前，一处笔误（"与"打成了"于"）他都发现并修改。他说只有这样，在汇报的时候才有信心。在项目中期汇报会上，曹院士抑扬顿挫、思路清晰的汇报圆满通过了项目中期评估。

第四是乐观向上。曹院士在工作中严谨求实、一丝不苟，在生活中乐观向上、热爱生活。在紧张、劳累的工作之余，还爱好唱歌、跳舞和乒乓球，有时还开开玩笑，缓解紧张的气氛。我们的项目经常要去总装机关汇报，在汇报的路上，他还让我们一起观看车外风景，有时还哼哼小调。他常说，只有乐观、健康地生活，才能有饱满的情绪搞科研，才能持续地为航空事业做贡献。

第五是竭尽全力培养年轻人。项目刚刚论证完毕，曹院士就鼓励我勇敢挑起重担，全面负责项目工作。他说把年轻人推到前面，有利于年轻人成长。项目中我院承担的课题最初是由曹院士和我负责，运行一年后，他主动提出课题由我和另外一名年轻博士负责，专题负责人都由年轻博士负责。在项目实施期间，曹院士坚持不拿项目奖金，还曾经几次提出由我来担任项目技术首席，彰显出曹院士博大的胸怀，也体现了曹院士积极培养年轻学者的心愿。在项目验收阶段，曹院士极力推举由我来代表他进行项目验收汇报，在曹院士指导和鼓励下，我不负众望，认真准备，顺利通过验收答辩。

在曹院士培养下，通过完成国防"973"项目的锻炼，2007年我晋升为博士生导师。曹院士的学识、科研和生活风格激励我不断进步，值得我用一生来学习。祝愿曹院士身体健康！

多彩的人生——记中国科学院院士曹春晓

我的恩师曹春晓院士

美国伦斯勒理工学院　鲍如强　博士生

时光飞逝，岁月如梭。我到美国已经有3个年头了，但和恩师曹春晓院士相处时的点点滴滴依然历历在目，他那熟悉的身影和慈祥的面孔仍然清晰地印在我的心中。

初次和曹老师见面是在2001年春天。我那时还是一个本科生。曹院士在电话中细致地给我说明乘车路线、下车后怎么走，到接待室后给他打电话。当时，我很感动，院士的时间那么宝贵，可他还这样详细地不厌其烦地给我指路，使我能顺利地见到他。在我以往的经历中，不乏这样的事例：去找一个什么地方或是见一个人，往往因交待不清楚而跑了冤枉路或是费了一些周折，白白浪费了许多时间。我想，曹院士对我交待得这么清楚，正是考虑到怕耽误事，怕浪费我的时间。做事细致认真，在细节处关心人，这是曹老师给我的第一个印象。

一想到要见的是一位我国航空钛合金的权威、中国科学院院士，我的心情既有几分忐忑又满怀期待。我事先设想了见面时所有可能出现的情景，但真实的情景却出乎我的意料。我走进办公室介绍完自己后，曹老师就哈哈地笑着说："我们有缘。"没等我反应过来，他接着说："你看，我们穿的夹克衫都是一样的。"说来也巧，那天我和曹老师都穿着带有竖条纹的咖啡色夹克衫，只是颜色深浅稍微不同。他的幽默、风趣消除了我的胆怯，使我们之间的距离一下子就拉近了。接下来的谈话也就变得异常轻松愉快。

曹老师强烈的事业心，严谨务实的精神在航空材料研究院是众所周知的。记得有一次，我们在讨论国防"973"项目的某专题时，项目组成员对其可行性的认识无法达成一致。为此，他不辞辛劳地找到了20多年前做的试验报告。另外，为了严格保证项目进度，他这样一位年过古稀的老人常常放弃午间休息和年轻人一起加班加点地工作。如果不是亲身体验，你很难相信一位71岁高龄的中国科学院院士，为了一个科研项目，和年轻人一样日日夜夜地奋斗在一起。

曹老师是一位善于集思广益、博采众长的学者。在他主持的课题组里，无论是老师还是学生，他都鼓励积极参加讨论，并认真听取每一个人的意见。在他看来，课题组每个成员的想法都可能藏珍含宝，都可能会导致一个重大发现。在讨论问题时他习惯说的一句话是"你（们）看怎么样？"课题组里始终充满着平等、民主、和谐的气氛，从不以权威自居，更没有一丝一毫的盛气凌人。

曹老师是一位关心学生、责任感很强的导师。繁忙的科研工作，丝毫没有影响到他对学生的关心，对后辈的教导。且不说他如何挑灯逐字逐句地修改学生的论文，只谈生活中的几件小事。

当我还在北京科技大学上基础课时，有一次到航空材料研究院向曹老师请教硕士论文的题目以期早做准备。曹老师问起了我的生活情况，当得知学校宿舍改革导致我的生活比较困难时，立刻把身上所带的钱都硬塞给了我。我哪里好意思要老师的钱啊，可是曹老师那真诚的目光和不容推辞的语气，使我只能接受曹老师的一片爱心。曹老师同时鼓励我说："在艰苦的环境下更能锻炼自己！"这件事和他说的话，一直印在我的心里，使我倍感温馨。

在做硕士论文期间，只要我有问题，曹老师总是乐于回答。有次在请教一个问题时，从上午8点一直谈到12点。我怕耽误曹院士进餐休息，很不好意思地说："您该回家吃饭了。"他却说："没关系，我们把这个问题谈完。"我只是一个客座研究生，但在曹院士的心目中，似乎没有这种界线，而是一视同仁，仍以认真负责的态度待我。作为院士的他，能在百忙之中和我讨论几个小时，积极地帮助我学习，使我十分感动。

在我毕业答辩的前一天晚上，我接到了曹老师的电话，他询问了我的准备情况，还说要去参加我的答辩。曹老师的出席让我的同学和北京科技大学答辩委员会的老师们颇感意外。因为硕士答辩，院士一般是不参加的。我当时作为北京科技大学和航空材料研究院联合培养的硕士研究生，他完全可以不参加我的答辩。我受到了其他硕士生得不到的"礼遇"。时至今日，每次同学聚会，还会有同学向我提及此事，使我甚感幸运。尽管现在我们远隔重洋，但他仍然在电话那头关心着我的学习和生活。在我遇到困难时，他的开导、鼓励和支持是我克服前进障碍的动力。

在航空材料研究院学习和工作的日子成了我珍藏的记忆。曹老师对我慈父般的关怀，孜孜不倦的教诲，令我终生难忘。他那严谨务实、勇于探索科学真理的学风和淡泊名利、助人为乐的高尚品格，永远是我学习的榜样；他渊博的知识和极富创造性的思维是我的榜样和追求的目标。他的言传身教，为我指明了做人处世的原则，是帮助我走过人生坎坷之路的精神法宝。

我要感谢曹老师对我的培养，感谢他给了我许多的精神财富。祝愿他老人家健康长寿，阖家幸福美满！

平易近人的科学家

北京航空材料研究院　张伟

曹院士平易近人，特别随和，没有一点架子。我是他的司机，有时我开车送他到新的地方，因路不熟走错了，耽误了他宝贵的时间，他总是能够宽容、理解，从来没埋怨过。

外出开会，近一点的地方送他到达目的地后，他从不让我坐等，怕耽误我的时间，远一点的地方，等开完会要吃饭时，别人都是打个电话让司机去餐厅就餐，曹院士却常常跑出来领我去餐厅，使我感到很亲切。吃自助餐时，曹院士常和我一起吃，我吃得慢，他常常先吃完，然后就耐心地等我，并让我别着急，慢慢吃，吃饱吃好。

曹院士对周围人非常关心，当他知道我爱人怀孕了，就把从杭州带回来的小核桃送给我，说是营养高，吃了对孩子发育有好处。孩子刚满月，曹院士和他爱人张阿姨就来家看望，还给孩子带来小玩意，使我爱人很感动。

曹院士严于律己，用车公私分明，私事从来不用公车。

院士用的车是奥迪，去年奥运期间，由于单双号限行，有时奥迪车不能出行，只好换桑塔那。我怕曹院士不高兴，便歉意地向他解释，但曹院士却毫不计较，笑着说："只要能出去办事就行，无所谓牌子。"

在我的心中，院士是科学家，是国宝，是科技金字塔顶尖上的人物，但曹院士给我的印象却是那样普通，那样平凡。

多彩的人生——记中国科学院院士曹春晓

曹院士有颗永远年轻的心

北京航空材料研究院院部办公室　马剑辉

在我眼中，曹院士没有丝毫架子，总是那么随和、平易，笑咪咪地见人就打招呼。他对待同事像对待家人一样关心，对待年轻人像对待自家的孩子一样疼爱，对待名利却总怀着一种平常心。

按照院士的级别和待遇，坐专车上下班并不为过，可他从不愿为单位增加负担，一直坚持骑车上下班。自己能做的事，从不麻烦别人，逢年过节，单位发一些福利品，我们想派车帮他送回家，他却总是自己用自行车带回去，还风趣地说："不要剥夺我锻炼身体的机会啊！"

照顾院士是我工作的一项职责。有一次曹院士出差，领导派我随行。让我感动的是，一路上作为长辈的曹院士像家长一样处处照顾我。期间我有事，需要提前返回，他把返程票和接站的车都为我安排好了，还一句句地叮嘱我路上要注意安全。

每次单位活动，曹院士总是踊跃参加。他开朗、乐观的性格让他很快便能融入到年轻人当中，我们俩经常以"好朋友"相称。他多才多艺，能歌善舞，有他的地方总是笑声不断，他把快乐带给大家，一点儿也看不出他是装着心脏起搏器的"准病人"。前几年一位同志问他："今年高寿？"他回答："71岁。"另一位同志则开玩笑地说："从心态来看，应当倒过来，曹院士只有17岁！"逗得大家哈哈大笑，确实，曹院士有颗永远年轻的心。

祝曹院士永葆年轻心态，愿我们永远是好朋友。

忆曹春晓二三事

北京航空材料研究院　曹寿德　研究员

我是从事橡胶密封材料专业的，与曹春晓院士并无工作上的联系，只谈谈工作外的几件小事。

（一）与庄则栋合影

2000年，著名乒乓球运动员庄则栋应航空材料研究院工会邀请来我院作报告，讲述当年"乒乓外交"的内幕及如何取得世锦赛三连冠的趣闻。我院乒乓球爱好者怀着极大的兴趣前去聆听。临时讲台上，除庄则栋外，还坐着集团公司工会主管体育的一位领导、院工会主席贺书奎、曹春晓院士等。台下坐着几十位庄则栋的"粉丝"。精彩的报告在一片热烈的掌声中结束。之后，庄则栋与我院男女冠军对垒，表演了他高超的球艺。表演完之后，我对我院元老型的乒乓球冠军曹春晓说："咱们邀请庄则栋先生一起合影留个纪念吧！"曹春晓欣然应允："太好了！"于是，我和曹春晓便留下了一张和庄则栋合影的珍贵照片。

（二）关心同志，同情弱者

曹春晓及夫人张琲联平易近人，非常善良，见了人都热情地打招呼，对弱者常有恻隐之心。2009年5月，曹春晓及夫人去老年医院看望老岳母时，得知我老伴张秀玲也住在该院。他们便准备了慰问品找到消化科病房去看望张秀玲，亲切地问候并鼓励她好好养病，使我老伴很感动。后来我在路上遇到曹院士，对他表示谢意时，曹院士满怀同情地对我说："20多年来，你一直尽心尽力地照顾瘫痪的妻子，不容易啊！"

（三）为书作序

2007年1月，我与张洪雁去找曹春晓院士，希望他给我俩合著的《高性能橡胶密封材料》一书写篇序言。曹春晓热情地接待了我们，并说："你们为大家写了一本专业书，很好，我要很好拜读学习。写序的事，等明天颜院士来了，我给他说，请他写会更好一些。"后来序言写好了，一看果然是颜鸣皋院士写的，当时我就感到，曹院士非常尊重颜院士。

附录一

三思而行　行而三思

曹春晓

(一) 思维特色形成背景

1934 年,我出生于浙江上虞(属绍兴)。3 岁时随父母离开祖居之乡到上海定居。

孩提时是个小书迷,经常天已初黑还手不释卷,又想不起开灯,9 岁时就成了度数不浅的近视眼。怕别人笑我是"小四眼",草率地自作主张,一直不去配戴眼镜。我又是个小顽皮,爱玩各种各样男孩们常做的游戏,甚至干出一些非常淘气的事来。有一天与小朋友相约到郊区玩,看到一些青蛙在草地上跳来跳去很可爱,就想抓几个玩玩。有只小青蛙蹦跳"拒捕",我跟着它蹦跳"追捕"。当时水面上长满了青青的浮萍,近视的我误以为那是草地,竟跟着小青蛙跳进了相当深的水塘,一下子没了顶,从未学过游泳的我用手乱划了几下,居然把头浮出了水面,急忙大声呼救,有人过来把我救起。那时年幼无知,事后仍不配戴眼镜。不久,我跟姨妈到亲戚家串门,三层楼窗外搭了个高齐窗台的玻璃顶棚(天井挡雨用),被褐色污垢覆盖着的玻璃已不再透明,淘气而又近视的我竟不假思索地爬上这个误认为是"屋顶"的顶棚,突然我的身体随着清脆的玻璃碎裂声猛然下落,在此千钧一发之际,我那双小手居然紧紧抓住一根框条而未直落下面天井的水泥地,亲戚们赶来抢救了我。两次"大难不死"强迫我好几天都在反思自己的行为,并很快戴上了眼镜,从此类似的"事件"再也未发生过。

初中时我在一篇作文中讨论了这两次"事件",记得文中表述的感想主要有两点:其一,草率决定不配戴眼镜是导致"下水事件"的根本原因,因此今后在做重要事情（包括重要决策）之前，一定要慎重考虑，不能鲁莽行事；其二，如果"下水事件"后能经过反思而戴上眼镜，就不会发生其后的"上棚事件"，因此行事后必须认真思考成败之因，败者可调整行为而免重蹈覆辙，成者可肯定行为而继续努力。这两点感想就是我以后一生遵循的"三思而行"与"行而三思"这一为人行事之道的雏形。"三思而行"出自《论语·公冶长》的成语，意指"要再三思考之后才去行事"，而"行而三思"则是根据体会自撰的，意即"行事之后要再三思考"。

青少年时代受老师的启蒙，十分崇敬牛顿等科学家的勤奋精神（特别是勤于思考）和思维能力（即善于思考），也潜移默化地培养了一种强烈的"求知"欲和"创新"欲。我从老师讲述的一些科学家的故事中得到启示：当树上的苹果落到自己头上的时候，常人都不会像牛顿那样联想到"苹果为什么不往上掉或斜里掉"这类问题。在常人看来，东西往下掉是司空见惯的事，有什么可"胡思乱想"的呢？在浴池中洗澡时，常人也不会像阿基米德那样联想到"为什么身体越往下沉就越感到浮力大"这类问题，这似乎也是生活中习以为常的事，有什么可"少见多怪"的呢？而恰恰就是这种"胡思乱想"和"少见多怪"的活跃思维，以及在此基础上的实验和实验后的再三思考，才使牛顿创立了万有引力学说，使阿基米德创立了浮力原理。

当时任教于南洋模范中学的赵宪初老师还说过下面一席话："在课堂上学到的数学中，有相当一部分不能在今后工作中直接应用，但只要勤奋学习数学，就一定能迅速提高逻辑思维能力，而这正是有志之士能受用一辈子的珍贵素质。"恩师的这一精辟教诲激励我更加勤奋地学习数理化（当时我联想到物理和化学也会起到类似数学的作用）。今天回想起来，我在学生时代培养起来的多思的习惯和抽象、推理、判断等思维活动的能力，确实在以后40余年的科研生涯中起着无形的关键作用。

在南洋模范中学和交通大学学习期间（1949~1956年），我先后承担了学生会和青年团的社会工作，对哲学也产生了浓厚兴趣，从而提高了自己的社会活动能力和辩证思维能力，这些都使我以后的科研工作受益匪浅。

（二）思维亮点

(1)"三思而行"才能"择善而为"

人的一生常有一些重要问题（如职业、专业、科研课题、技术方案等）需要自作抉择，其抉择妥善与否往往影响一生的发展道路，而能否"择善而为"又往往取决于能否"三思而行"。

大人总爱问小孩：长大后你想当什么？而小孩的回答不是投大人之所好，就是凭自己的直觉脱口而出，当然谈不上"三思"。老师总爱出"我的志愿"一类的作文题，一部分学生为写文章而随意编造，另一部分学生则经过不同程度思考后按真实想法写作。我属于后一类学生，初三时写了一篇这类作文，竟被老师看中，并在班上夸奖说："这篇作文的写作技巧不错，但更可贵的是其志愿真实可信，思路清晰，实属深思熟虑之结果。"老师的评价有些过奖，但我渴望一辈子搞科学研究的志愿倒是经过多年来"三思"后才抉择的。由于此事印象深刻，迄今仍记得那篇作文是按如下思路进行分析、推理和判断的：在老师的影响下，我对科学家的敬慕之情日趋浓厚，但一个人的发展道路不能单凭感情的冲动或功利的吸引来抉择，一时感兴趣的职业不一定很适应社会和时代的需要，也不一定适合自己的特点，甚至可能埋没自己原本可以大有作为的某一方面的才能，因此只有知己知彼（社会需要），才能选择好职业。当今国弱民穷，唯科学技术才能强国富民（注：当时尚未解放，我还不懂得革命）。剩下的问题是本人是否适合于搞科学研究呢？自己的天赋远不如那些科学家，但尚有一定智力，从小又爱动脑筋，求知欲强，对周围事物不仅想"知其然"，而且更想"知其所以然"，只要我在智力发展的青少年时期勤奋学习，思考问题的能力定能迅速提高，所谓"脑筋越动越灵"，就是这个道理……

作文只是纸上谈兵，第一次真刀真枪面临抉择是在初中毕业选择去向的时候。那时上海刚解放，父亲对上海的纺织业情有独钟，竭力主张让我报考上海纺织专科学校，而我为了圆自己的梦，很想报考南洋模范中学，并计划着高中毕业后再入上海交通大学深造，为将来搞科研工作打下扎实的基础。妥协的结果是同时报考两校。当同时收到两份录取通知书时，我终于说服了父亲，如愿以偿地进了南洋模范中学，1952年又考入上海交通大学。

大学生活即将结束时，我又面临一次重大抉择。毕业分配方案公布前，一位学校领导找我谈话，希望我留校搞教学工作，经过一整天反复思考，理顺了如何说服领导的思路，也充分做好了服从统一分配的思想准备。第二天找到那位领导，居然凭着一颗酷爱科研工作的赤热之心感动了他，最后他表示尽可能促使我这一愿望的实现。不久，我果然被分配到北京航空材料研究所。

梦想成了真，我满怀激情地赴京报到，研究所领导初步考虑让我从事钛合金专业的研究工作，并征求我个人意见。那时我对钛合金几乎一无所知，心里多少有些慌乱，"三思而行"的座右铭驱动我赶紧向研究所里的前辈请教和查阅有关资料，并在此基础上进行了分析，得出了"钛合金刚刚兴起而又前途无量"的判断，立即向单位领导做出了肯定的答复，从此我与钛合金研究结下了不解之缘。对我而言，专业的抉择似乎比职业的抉择顺利得多，如果说前者是通过"三思而行"及时把握了机遇的话，后者则是通过"三思而行"积极创造了机遇。

科研课题与技术方案的抉择同样需要"三思而行"，能否"择善而为"将直接影响科研工作的成败和水平，只有在创新思维下抉择的课题与方案才能取得创新性成果。例如，贵州的飞机设计所曾委托我所研制 TC11 钛合金伞舱梁，以取代原来的钢制件而减轻飞机结构重量。这不是国家下达的大项目，经费很少，TC11 钛合金又是老材料，原有的工艺路线也早已成熟，因此从技术含量的角度考虑，很可能成为简单重复而毫无创新的工作，这也是我长期的科研生涯中所忌讳的。因此我十分犹豫，但多年培养起来的"三思"习惯仍使我陷入沉思，"三思"的最终结果不仅肯定了该项目对改进飞机性能的重要意义，而且冒出了一个"灵感"：如果能在该项目中实现我在钛合金热处理技术和相变模式方面逐渐形成的一个新思路，那么立项的意义岂不更大吗？这一想法很快与飞机设计所有关同志取得了共识，正式签订了合作协议，根据新思路设计的具有创新性的 BRCT 热处理技术，也被抉择为该项目的两大技术方案之一。经过两年左右的共同努力，只花了十几万元经费就研制成功采用 BRCT 热处理技术的 TC11 钛合金伞舱梁，其后又成功地经受了长期试飞考验，1995 年获得国家发明三等奖。

(2)"行而三思"才能"脱颖出新"

一切知识均源于"行"。广义的"行"应包括科学实验、文献阅读等各种行为。科学技术人员阅读大量文献，是为了继承别人通过实践获得的知识，而本人直接做实验的主要目的，是在别人已有知识的基础上有所前进，从而在人类丰富的知识宝库中增添点滴新贡献。然而，文献阅读和科学实验只是知识和技术创新的必要条件，而不是其充分条件。不少人虽然阅读了大量文献，也做了很多次实验，却迟迟出不了创新性成果，其缘由就在于他们尚未掌握好"行而三思"这一重要环节，我以为"行而不思，创新无望；行而三思，脱颖出新"。多年的体验表明，只有通过"三思"，仔细捉摸文献中表述的试验条件、研究结果、学术观点和理论依据，才能真正消化、吸收其真谛和精华，舍弃、排除其假象和糟粕；也只有通过"三思"，反复推敲实验中发现的现象和获得的结果，才能使失败真正成为成功之母，才能避免与垂手可得的创新性成果失之交臂。多年的体验还表明，"行而三思"的一个重要方法是必须把文献阅读和科学实验两者引发的思维紧密联系起来，在翩翩的联想之中达到融会贯通的境界。不少创新思维或"灵感"就是在这种境界下得到启迪而产生的。

下面一个实例反映了上述"行而三思"的重要作用。钛合金大型锻件金相组织很不均匀是长期未能解决的难题，即使对坯料进行反复镦粗和拔长，仍经常残留粗大晶粒的痕迹而影响力学性能和使用可靠性。在国外资料中看到钛合金锻造过程不允许"空烧"（即加热后不锻造）的规定后，我们怀疑锻件的粗大晶粒可能与"空烧"有关，因此在一次铸锭开坯锻造时特意检验了两头的金相组织，却意外地发现经高温（β相区）"空烧"的那一头的宏观晶粒尺寸反而比未经"空烧"的另一头均匀且小得多，有人认为这不可能，大概是把两头的金相试样搞颠倒了。当时我虽然不能排除试样混号的可能性，但事后我立即查阅了有关文献，重温了以往学过的基础知识，并与该试验结果相结合，进行了反复的思考和联想，终于做出了"金相试样并未混号，这一重要现象符合基本原理"的初步判断。为了进一步证实，我把那个宏观晶粒粗大和不均匀的金相试样重新放入高温炉内"空烧"一次，结果也变成了小而均匀的宏观晶粒。至此，我对这一重要现象已深信不疑,喜悦的心情进一步激发了"三思"的积极性,联想到过去科研实践中发现的另一现象——有些钛合金盘模锻件或锻坯内部大变形区呈现更细小均匀的宏观晶粒,又联想到文献中指出的钛合金"变形热"大和导热性差等特性,顿时恍然大悟,原来盘模锻件或锻坯内部宏观晶粒的细化和均匀化,是由于"变形热"导致大变形区的金属从原来的较低温度($\alpha+\beta$区)迅速升高至高温(β区)的结果,这与上述铸锭开坯锻造时的"空烧"有相似之处,但两者之间也存在差异:铸锭开坯是β区热变形后再在β区"空烧",而盘模锻件或锻坯内部的大变形区是较低温度($\alpha+\beta$区)热变形后再靠"变形热"升温至β区。在上述的广泛联想和交叉思考的启迪下,我对钛合金的再结晶-相变联合机制有了新的认识,并在工艺路线上产生了如下的新思路:如果相继地经高温(β区)开坯和低温($\alpha+\beta$区)热变形后重新加热至高温(β区"空烧"或β热变形),岂不能获得更均匀细小的宏观晶粒吗?如果最终要求获得细小等轴的显微组织,则可再进行低温($\alpha+\beta$区)的最终热变形。这一新思路就构成了高低温交替热变形(高—低—高—低)新技术,并在以后的科研和生产中获得广泛应用。鉴于这一创新性技术的先进性和重大的社会、经济效益,以它为主要内容的"TC11钛合金材料、盘模锻件的工艺研究"获国家科技进步一等奖。

现在回想起来,如果当时"行而不思",则完全可能轻信或片面理解有些国外资料关于"空烧"的观点,而轻率地放过这一重要现象,也不会联想到过去钛锻件曾出现的"变形热"现象,那么,一个本来可从这些现象的启迪中引发新思路和创立新技术的机会,就会失之交臂,遗憾终生。

(三)学科前瞻

近期发展动向表明,新型航空材料除了继续追求性能的先进性外,成本的**低廉性**已成为当前重点追求的目标。于是,人们把注意力更多地放到材料制备技术上,这是因为与合金成分的改进和创新相比,制备技术的改进和创新通常是降低成本的更有效的途径,而且在不少情况下能同时满足提高性能和降低成本的要求。以钛合金为例,国际上正在大力发展激光成形、金属模精密铸造、超塑成形/扩散连接、β热处理等新型制备技术。可以预料，21世纪将是材料制备技术突飞猛进的时代。

在21世纪的飞机上，随着树脂基复合材料和钛合金用量的不断扩大，长期以来稳坐第一把交椅的铝合金将退居第二、三位，以美国2003年左右将装备空军的F-22战斗机为例，钛合金、复合材料、铝合金和钢的用量分别为41%、24%、15%和5%。

在21世纪的航空发动机上，以高温合金、钛合金为主和钢仍占一定地位的三分天下的局面将保持一段时间，但随着推重比等性能指标的不断提高，对材料工作温度和比强度的要求越来越高，复合材料（陶瓷基、金属间化合物基、金属基和树脂基）将与单体材料（金属和金属间化合物）平分天下，甚至后来居上的趋势已逐渐明朗。由于单体金属材料的工作温度已趋近于极限，因此今后新一代高温结构材料的重点研究方向，应是金属间化合物（特别是TiAl合金）和复合材料〔特别是陶瓷基和金属基）。金属间化合物和陶瓷等均属风险度较大的"革命性"材料，其应用前景在很大程度上取决于强韧化机制、失效机理等应用基础研究工作的成效和实用化技术（生产部门的制备技术、使用部门的设计技术等）的成熟程度，这些正是我们在21世纪里应加倍努力去做的实事。

与20世纪相比，21世纪新一代材料的发展将更为突出地显示出材料科学与信息科学、生物科学等互相融合的特点。智能材料就是材料科学与信息科学互相融合的产物,它是一种模仿生命系统,同时具备感知和激励双重功能的材料（含形状记忆合金、磁致伸缩材料、压电陶瓷、电流变体、光导纤维等），它既能感知环境的变化因素，又能自动做出适时、灵敏和恰当的响应，并能自诊断、自调节、自修复和预报寿命，这一超功能材料已成为高技术新材料领域的研究热点，并孕育着新的重大突破，在航空航天等领域具有广阔的应用前景。例如，美国空军采用智能材料制成的飞机机翼，能在不同工作状态下自动调节形状和改变升力或阻力，以适应飞机的起飞、巡航、着陆等不同要求，从而提高飞机的使用性能、安全可靠性和减少耗油量。仿生材料则是材料科学与生物科学相融合的产物，例如受"蜘蛛丝比钢丝更硬、更富有弹性以及比凯夫拉纤维更坚韧、更耐低温"这一现象和事实的启发，人们用含有蜘蛛基因的蛋白质分子制成人造蛛丝，然后纺织成超强度、羽毛般轻、可防弹和保护航天飞机不被陨石击损的"生物钢"，如把这种新纤维混合到混凝土里，建筑物就会无比坚固，不怕地震。仅以"生物钢"这一实例就可看出仿生材料强大的生命力和无可估量的发展前途，理应成为21世纪的重要研究方向。

本文载于《院士思维》，安徽教育出版社，2003年11月

附录二

做科普并不比写学术论文容易

——曹春晓院士谈科普创作

记者 熊卫民

由江泽民同志亲自作序的国家重点图书《院士科普书系》已经出了3辑共约90部著作，涉及的作者多达100多位。是什么因素促使如此多的院士参与这项重大的科普工程？他们是如何看待科普创作的？在创作过程中又有哪些酸甜苦辣？

带着这些问题，1月7日，在北京航空材料研究院一个简单而又雅致的客厅中，笔者拜会了《材料世界的天之骄子》一书的作者、中国科学院院士曹春晓先生（该书另一作者为郝应其先生）。

为什么要做科普？

"科普非常重要，我自己的体会就很深。"刚一见面，曹先生就聊起了自己所热爱的科普工作，"小时候，我看过一些科普书，它们讲了苹果坠地、阿基米德洗澡等故事。从这些司空见惯的现象出发，牛顿得出了万有引力定律，阿基米德得出了浮力定律。这对我启发很大，激起了我对科学的强烈兴趣，在很大程度上是因为它们的指引，我才走上科研之路的。"

大概就是因为受过科普之益、有强烈回报心理的曹先生也热心于从事科普工作。以前主要是通过演说，近年来则直接响应了"两院"院士大会的号召，开始从繁忙的工作中挤出时间亲自创作科普著作。"研究工作、社会活动很多，我的时间确实非常紧张。但我国公众当前的科学素养还相当低，在知识经济的时代，这样的状况当然是不足以维持经济的快速增长的，也不利于提高我国的国际竞争力。怎么办？必须大力发展科学技术普及事业。谁做这方面的工作？

科学工作者责无旁贷，而我是其中的一员，所以在犹豫了一段时间后，我还是申报了这样一个题目。"曹先生这样告诉笔者。

(一) 科普是一种创新性的劳动

在一年左右的写作过程中，曹先生深刻体会到了科普创作的艰难："我觉得做好科普是挺难的。必须深入浅出，把复杂、深奥的问题用通俗、流畅的语言讲出来，激起各式各样人的兴趣，即使原来不大懂的外行，也能通过这些科普作品初步弄懂少数人所钻研的学问，理解它们。这个东西，其难度我觉得不比写一篇比较高深的论文容易。"

他告诉笔者，写科普文章并不是一个简单的从高到低、把高品质的科学知识降为低品质的知识的过程。它也是一种创造性的劳动。在这个过程中，作者既要深刻领悟自己所表述的内容，又要考虑认识的规律问题以及读者的接受心理；既要有理，又要有趣；既要准确、透彻，又要生动、活泼；既要抓住精髓，又要文笔流畅。写学术论文，面对的是同行，很容易让大家明了自己的工作；写科普文章，面对的往往是外行，还必须时刻考虑他们的知识、心理状况，否则就没什么效果。

"要使外行发生兴趣，要激起他们的求知欲，这就必须加入创造性的劳动。"曹先生如是说。

曹先生告诉笔者："做一个好的科普作家很难，既要有理科背景，又得有良好的文笔；既得懂科学，又得擅艺术，这样的人是很难找的。"他坦言："我自己还**不够格**！"

对于凝聚了自己很多心血的《材料世界的天之骄子》一书，曹院士也直言自己并不满意："如果能更多地挤些时间出来，它本来可以更好一点。"

其实曹院士对自己是要求过严，近乎苛求了。《材料世界的天之骄子》一书实践了曹先生关于科普的思想，图文并茂、从历史谈起、从感性认识谈起，书名、章名、节名用语雕琢；正文文笔流畅，确实做到了深入浅出。在很短的时间内，就已令作为完全外行的笔者对"崛起的第三金属"、"古老而又年轻的陶瓷"、"机**敏善变**的形状记忆材料"、"吞吐自若的贮氢合金"等有了一定程度的了解。曹先生的基本要求——"对于我们这本书，我希望本来没接触过航空材料的人看了以后也能懂"——已经较为完好地达到了。

(二)需要扭转对科普的偏见

谈到当前的科普现状时,儒雅的曹院士语调有些沉重:"虽然党和政府非常重视科普工作,于2002年6月颁布了《科普法》,并在2002年底召开了第三次科普大会,但科普活动确实还存在一些障碍。"

他告诉笔者,目前明显的障碍至少有3处。

其一是时间,对他这类有心做科普但又工作非常繁忙的人而言,这是个大的问题。

另一障碍是水平。在长期以来的应试教育、专才教育体制下,文与理没能得到很好的交融,学文的常不懂科学,学理的常文字干瘪,而科普创作需要通才,需要科学与艺术的紧密结合,这方面的优秀人才远远不够。

还有一个非常大的障碍是对科普的某些偏见。在一些人的眼中,"科普这玩意儿不算什么",是已经没什么科研能力的人所从事的一种层次较低的活动,科学工作者做科普纯粹是不务正业。所以创作科普作品常常报酬很低;而且在评职称时,有时候反而会带来负面作用。需要耗费大量精力才能得到的成果难被承认,这使得不少中青年科学工作者不愿意或者不敢堂堂正正地从事科普创作。

曹院士认为,这种看法当然是有问题的。科普创作确实和科研有区别,但这不等于科研有创新性,科普没创新性。科普是另一种高水平的创造性劳动。科普写得好不好,反映了作者在科学上的思路清楚不清楚。理解不深,对一个问题就不可能讲得透。水平不高、思路混乱的人是不可能写好科普作品的。科普作品不仅反映了作者的文艺、写作水平,还反映了作者对相关学问的理解深度,所以是学术水平的一种反映。

曹院士告诉笔者,"两院"院士会议号召院士做科普,徐冠华部长在全国科普大会上肯定科普是一种创造性劳动,这都反映了一种态度,都反映了有关部门对科普的尊重,但这种态度、这种看法还需要进一步落实下去。

本文载于《科学时报》2003.1.10

附录三

简　历

1. 1934年6月25日（农历）生于浙江绍兴上虞。
2. 学习简历

起止年月	学　校	备　注
1940.9~1946.9	上海民生小学	小学毕业
1946.9~1949.9	上海崇实中学	初中毕业
1949.9~1952.9	上海南洋模范中学	高中毕业
1952.9~1956.9	上海交通大学	金属压力加工专业本科毕业

3. 工作简历

起止年月	工作单位	职位/职称
1956.9~1978.12	中航工业北京航空材料研究院	专业组长，技术员
1978.12~1981.12		专业组长，工程师
1981.12~1987.12		专业组长，高级工程师
1987.12~1998.12		专业组长，研究员
1998.12~今		高级顾问，研究员

荣誉称号一览表

序号	荣誉称号	授予时间	授予单位
1	国家级有突出贡献中青年专家	1989年	中华人民共和国人事部
2	政府特殊津贴获得者	1991年	国务院
3	优秀研究生导师	1993年	航空航天部
4	劳动模范	1996年	航空材料研究院
5	个人二等功	1997年	中国航空工业总公司
6	中国科学院院士	1997年	中国科学院
7	航空报国金奖获得者	2001年	中国一航
8	航空报国突出贡献奖	2006年	中国一航
9	大型飞机方案论证贡献证书获得者	2007年	中华人民共和国科学技术部
10	孝亲敬老之星	2008年	北京市海淀区温泉镇
11	学会优秀工作者	2009年	中国航空学会

科技成果获奖项目一览表

序号	获奖项目名称	年度	获奖情况	项目中作用
1	TC4 钛合金压气机盘和叶片的研制与应用	1978 年	全国科学大会奖	项目负责人之一
2	TC4 钛合金金相组织分类评级图	1981 年	航空部科技成果三等奖	项目负责人
3	涡喷 13 发动机的 TC11 钛合金和模锻件的研制、应用及部标准	1983 年	航空部科技进步一等奖	第一完成人
4	航标 HB5262～5264 的编制	1983 年	航空部重大科技成果一等奖	第一编制人
5	TC4 钛合金在歼 8 Ⅱ 飞机及航空发动机上的应用	1985 年	航空部科技进步二等奖	项目负责人之一
6	TC11 钛合金材料、盘模锻件的工艺研究	1987 年	国家科技进步一等奖	第一完成人
7	航空发动机压气机叶片用钛合金棒材国军标	1990 年	有色总科技进步三等奖	第二主编
8	Ti-Al 系金属间化合物合金化和热处理工艺	1991 年	国家 863 计划重要贡献奖	授予个人
9	（α+β）钛合金高温形变强韧化工艺	1992 年	航空航天部科技进步一等奖	第七完成人
10	（α+β）钛合金高温形变强韧化工艺	1993 年	国家发明三等奖	第四发明人
11	TC11 钛合金 BRCT 热处理工艺	1995 年	国家发明三等奖	第一发明人
12	发展中华民族科技事业	1996 年	光华科技基金一等奖	授予个人
13	航空用 TC11 钛合金大锻件饼（环）坯制坯工艺研究	1996 年	中航总科技进步三等奖	第五完成人
14	550℃ 高温钛合金（Ti-55）应用研究	1997 年	中航总科技进步一等奖	第一完成人
15	550℃ 高温钛合金（Ti-55）研制	1997 年	中科院科技进步一等奖	第五完成人
16	TD2 合金（Ti_3Al 基）及应用研究	1997 年	中航总科技进步二等奖	第一完成人
17	550℃ 高温钛合金（Ti-55）及其在航空发动机上的应用	1998 年	国家科技进步二等奖	第二完成人

序号	获奖项目名称	年度	获奖情况	项目中作用
18	钛合金近 β 锻造工艺基础研究及其工程应用	2002 年	国防科技一等奖	第五完成人
19	钛合金近 β 锻造工艺基础研究及其工程应用	2003 年	国家科技进步二等奖	第五完成人
20	钛合金损伤与预防的基础性研究及其工程应用	2003 年	国防科技三等奖	第四完成人
21	院士科普书系	2005 年	国家科技进步二等奖	《材料世界的天之骄子》一书的第一作者

后　　记

我和曹春晓虽在一个单位，但原先并不认识，他是搞金属的，我是搞非金属的，工作上没有任何联系。后来怎么认识的呢？说来有趣。20世纪90年代初，航空材料研究院工会组织了一个大合唱节目，并准备到部里演出。在文化馆排练时，一位同志跟我说起，最近我院有两位专家获得了政府特殊津贴，曹春晓就是其中一位，他也来参加大合唱了。当时我想，在全院两千多名职工中，能获此殊荣者，当然是技术上出类拔萃的顶尖人物，并做出了重大的贡献，而像这样刻苦钻研、惜时如金的技术专家，尚有兴致来参加群众性的歌咏活动，肯定是位非同一般，既善工作又善生活的多才多艺的佼佼者。

怀着一种好奇心和想从他身上挖掘精神富矿的想法，在排练的间隙，沿着那位同志的指向，我找到了曹春晓，和他攀谈起来。曹春晓特别随和，没有一点专家、学者的架子。简短的交谈后，我就给他说了想采访他、宣传他的意向。起初，他谦虚地推辞，总是不肯。我说，这不是为了宣传你个人，而是为了激励青年们勇攀科学高峰，为国家做出更大的贡献。也许，他认同了这样做的社会效应，终于同意和我聊聊。此后，我先后在《航材院通讯》（航空材料研究院的内部报纸）、《北京日报》、《中国航空报》、《中国军工报》、《航空人》等报刊杂志上发表了多篇关于他如何在艰难的科研道路上遵循自撰的人生格言废寝忘食、殚精竭虑、高歌猛进并取得显赫成就的文章。

2009年5月，航空材料研究院宣传部打算交给我一项任务：撰写曹春晓院士的传记，作为中国航空工业集团公司为庆祝中华人民共和国建国60周年的一份献礼。宣传部领导征求我的意见，我说，这是继续向曹院士学习的一个好机会，我当然很乐意接受这项光荣任务，但自己毕竟只是一个从事技术工作的业余写作爱好者，没有受过专业训练，没有专门从事文字工作的经历，肚子里的"墨水"不多，自知写豆腐块文章和写书之间的差距，如此重担，恐难胜任。后在宣传部领导的一再鼓励下，我便愉快地接受了下来。

曹院士遵循自己所定的"一个不脱离、三个多贡献"的"院士后"工作思路，全身心投入科研、教学、科普和各种社会活动，有时从甲地回到北京，还来不及进家门歇息一会，便又直接去了机场，登上飞往乙地的飞机。曹院士虽已年届75岁高龄，至今还在精力充沛地为国家、为社会多做贡献，实在令人钦佩。曹院士兼任10多个职务头衔，工作本来就很忙，双休日也常常排满了议程，又给他加上写传记这一重任，更是忙的不可开交。我采访曹院士30多次，都是利用晚上的时间。现在，全书的初稿已经完成，如释重负。我们都为完成了一件为社会主义精神文明建设增砖添瓦的光荣任务而感到欣慰。在撰写、阅读曹院士的一生的同时，自己也得到了很多的教益，受到了很大的启迪。

此外，笔者还采访了10多位同志，既有和曹院士共同工作过的老专家，也有他所带的研究生，还有相关的工作人员和服务人员。他们都从亲历的实事出发，像多棱镜一样，从不同侧面反映了曹院士的为人和品格。他们自己撰写的或少数口述后整理的短文都列入到《我眼中的曹院士》栏目中。在此，对这些同志的真诚帮助表示感谢。

本书展示了曹春晓院士开创和谱写航空钛合金历史的绚丽多彩的一生。相信读者特别是青年读者通过阅读本书，能从曹院士成长、成熟、成功、成名的不平凡经历中，受到启发，得到教益。尤其是曹院士自己提炼出来的一些人生格言，将会是引导青少年走向成功人生和快乐人生的阶梯。如果能达到这个目的，半年多来的紧张、辛劳也就会化为喜悦、舒畅了。

在本书撰写过程中，得到了航空材料研究院宣传部郎小兵编辑特别是航空工业出版社宗苏宁编辑等的倾力相助，他们帮助仔细审阅、修改书稿，提出了许多宝贵意见，在此特表谢意。

本书力求真实、准确、全面、生动地展示曹春晓院士多彩的人生和他特有的人格魅力，但由于水平所限和时间仓促，未及精雕细刻，谬误、疏漏和不足之处在所难免，敬请不吝赐教、批评指正。

施宗灿

2009 年 11 月 30 日

作者简介

施宗灿,1938年1月出生于云南省会泽县。北京航空材料研究院高级工程师、《航材院通讯》特约记者、北京写作学会会员。作为业余爱好,自1988年起,笔耕不辍,曾在多种报刊、电台发表诗、文200余篇,在各种征文比赛中多次获奖。